Markus Väth

Ist das Arbeit oder kann das weg?

Gesammelte New Work - Kolumnen

Über dieses Buch

Arbeiten 4.0, Neue Arbeit oder Zukunft der Arbeit: Spätestens mit dem Jahr 2016 wird dieses Phänomen auch in Deutschland intensiv diskutiert. Auch der Autor hat mit seinem New Work - Buch „Arbeit – die schönste Nebensache der Welt" hierzu einen Beitrag geleistet.

Parallel zu diesem Buch verfasste Markus Väth im Jahr 2016 über fünfzig Kolumnen, die sich dem Thema New Work aus unterschiedlichen Perspektiven nähern. Für diesen Kolumnenband wurden nun die besten dreißig ausgewählt und kuratiert. Sie bilden einen unterhaltsamen, anregenden, manchmal überraschenden und scharfsinnigen Blick auf New Work und auf eine Arbeitswelt, die vor großen technologischen, sozialen und wirtschaftspolitischen Veränderungen steht.

Über den Autor

Markus Väth ist Psychologe und arbeitet seit über zehn Jahren als Speaker und Coach. Hier widmet er sich Themen wie Selbstwirksamkeit, New Work, Führung und neuer Arbeitskultur. Daneben ist er Verfasser mehrerer arbeitspsychologischer Bücher und schreibt unter anderem auf seinem Blog eine wöchentliche Kolumne zu aktuellen Themen aus Wirtschaft, Politik und Psychologie. Er ist verheiratet und lebt mit seiner Frau und seinen beiden Kindern in der Nähe von Würzburg.

Markus Väth

Ist das Arbeit oder kann das weg?

Gesammelte New Work - Kolumnen

Die Deutsche Nationalbibliothek verzeichnet diese Publikation in der Deutschen Nationalbibliografie; detaillierte bibliografische Daten sind im Internet über dnb.d-nb.de abrufbar.

Herstellung und Verlag: BoD - Books on Demand, Norderstedt

ISBN 9783743141667
1. Auflage

Weitere Kolumnen des Autors finden Sie unter
www.markusvaeth.com

Inhaltsverzeichnis

Emanzipation, reloaded

Ich sitze im Cafe. Das tue ich oft und gern. Es ist nie dasselbe Cafe, aber immer eins von vier, fünf auf meiner Gewohnheitsliste. Wären die Cafes Menschen, könnte man vielleicht von serieller Polygamie im kleinen Kreis sprechen.

Ich schaue mich um und sehe den Bedienungen bei der Arbeit zu. Keine Ahnung, wie es bei Ihnen ist, aber in Nürnberg sind gefühlt 90 % der Bedienungen weiblich – was zu einer aktuellen Statistik passt, wonach über 60 % aller Teilzeittätigen Frauen sind. Es arbeiten heute in Deutschland mehr Frauen als noch vor 20 Jahren, aber die Arbeitszeit dieser Frauen ist im gleichen Zeitraum im Schnitt um drei Stunden gesunken. Es verteilt sich also weniger Frauenarbeit auf mehr Frauenköpfe. Neben den „durchstartenden Karrierefrauen", wie die Presse sie gerne nennt, erobert die weibliche Teilzeit-Kraft Terrain zurück, das ihr die Frauenbewegung in den letzten Jahrzehnten mühsam abgerungen hatte.

Noch ein paar Zahlen: Nur in 10 % aller Beziehungen verdient die Frau mehr als der Mann. Und nach einer Berechnung des Instituts der Deutschen Wirtschaft würden lediglich 2 % der Arbeitnehmer die 32h – Woche praktizieren wollen, wenn Mann und Frau 50/50 arbeiten. Der Trend geht – entgegen aller feministischen und emanzipatorischen Bemühungen – in die Gegenrichtung: Für Paare mit Kindern beispielsweise verfestigt sich das 1,5 Stellen-Modell: Er arbeitet Vollzeit, sie Teilzeit; außerdem versorgt sie die Kinder. 2011 praktizierten in Deutschland 70 % der Paare mit Kindern ein solches Einkommensmodell; 1996 waren es noch 53 %.

Was bedeutet das für die künftige Arbeitswelt? Ja, es gibt viele gut ausgebildete Frauen auf dem deutschen Arbeitsmarkt. Aber: Nachdem Frauen nun zur „Arbeitsfähigkeit" befreit worden sind (Vorsicht, Ironie), zünden sie nun eine weitere Stufe der Emanzipationsrakete selbst. I would prefer not to, lässt sich das Motto nicht weniger Frauen zusammenfassen. Diesen Satz lässt Hermann Melville seinen Helden Bartleby sagen, dem verschiedene Tätigkeiten als Schreiber angedient werden, der sie aber allesamt ausschlägt.

Warum sich in der kapitalistischen Mühle verschleißen lassen, wenn der Mann genügend Geld verdient und man den eigenen Lebenssinn auch in Familie und Kindererziehung finden kann? Selbstverständlich denkt nicht jede (arbeitende) Frau so. Aber es gibt einen interessanten sozio-ökonomischen Trend, eine Art Flashback des rheinischen Nachkriegsbürgertums: Die (Teilzeit-) Hausfrau ist zurück. Manche sehen darin die bedrohliche Rückkehr des finsteren Patriarchats, andere die logische Schlussfolgerung der Emanzipationsbewegung: Nur weil ich Schnitzel essen darf und kann, heißt das nicht, dass ich jeden Tag Schnitzel essen will. Nur weil ich eine qualifizierte Vollzeitstelle annehmen kann, heißt das nicht, dass ich sie auch annehmen muss. I would prefer not to. Nein danke, lieber nicht.

Die moderne Frau kann damit zum wertvollen Impulsgeber für New Work und eine künftige Arbeitsgesellschaft werden. Meint es die Wirtschaft mit dem Fachkräftemangel ernst und will sie darum verstärkt die Frauen an die Laptops und Werkbänke bringen, muss sie Bedingungen schaffen, die eine Integration von Arbeit und Familie fördern: die Einführung von Home Office etwa, neue Krankheitsregelungen (zum Beispiel: Könnte die Krankheit des 3-jährigen Sohnes, den man daheim betüteln muss, als eigener Krankheitstag angerechnet werden?) oder das Justieren von Zielerreichungskriterien (Präsentismus!).

Auf der anderen Seite braucht es von Seiten der Frauen auch ein klares Commitment zum Unternehmen. Das spricht gegen die implizite Mentalität vieler Teilzeitjobs, die „Nichts Halbes und nichts Ganzes" seien. Man mache es eben „wegen des Geldes". Der entscheidende Faktor für erfolgreiche Teilzeit in der künftigen Arbeitswelt wird das gegenseitige Engagement von Arbeitgeber und Arbeitnehmer sein. Damit Teilzeit die neue Vollzeit werden kann. Und vielleicht auch irgendwann die Männer zur Vollzeitstelle sagen: I would prefer not to.

New Work ist mehr als Organisationsentwicklung

New Work war nicht immer, was es heute ist. Und New Work ist heute weniger, als es früher war. Klar soweit? Gut. Genug der Wortverdrehungen. New Work hat in der Tat eine gewisse intellektuelle Verarmung hinter sich – was besonders deshalb schade ist, weil viele sich noch gar nicht mit dem Konzept beschäftigt haben. Tun sie es heute dennoch, werden sie mit einer abgespeckten New Work – Version in Kontakt kommen. Man hat sozusagen das Gourmet-Menu auf den Salat reduziert. Nichts gegen Salat, aber ein Risotto hat auch seinen Reiz.

New Work vereinte ursprünglich eine radikale Kapitalismuskritik mit einer technologischen Vision der Selbstversorgung und einer Vision der beruflichen Sinnerfüllung. (Wer etwas über Innovation im technischen Bereich der Selbstversorgung, des 3D-Drucks etc. erfahren will, dem sei diese Facebook-Gruppe empfohlen.) Heute ist davon wenig bis nichts geblieben. Es geht sehr technisch zu in der New Work – Bewegung heute. Organisationsentwicklung ist das Zauberwort. Flexible Arbeitszeiten, Homeoffice, Scrum und so weiter bestimmen die Debatte. Dabei ging es am Anfang gar nicht um Organisation, nicht einmal um Arbeit. Sondern um Freiheit. Die Freiheit des Menschen, erst generell und dann in der Arbeit. Diese tiefe Bedeutung des New Work dürfen wir heute nicht vergessen. Daher sollten wir das Werk einiger Intellektueller bewusst in die Diskussion um New Work einbeziehen, auch wenn diese sich nicht direkt auf New Work beziehen. Eine kleine Auswahl: Thomas Piketty, *Das Kapital im 21. Jahrhundert*, David Graeber, *Schulden: Die ersten 5.000 Jahre* oder Byung-Chul Han, *Müdigkeitsgesellschaft*.

Wird man jedoch modern und widmet man sich der zweiten Generation von New Workern, bestimmen schnell die „Großen Drei" die Diskussion: Demokratisierung, Digitalisierung, Dezentralisierung. Praktisch jede New Work – Initiative lässt sich auf einer der drei Dimensionen verorten. Wertvoll sind alle drei, selbstverständlich. Und schön kategorisieren kann man die New Work – Instrumente auch noch – ein großer Vorteil für die Beratungsarbeit und das Verständnis des Kunden.

Doch immer gilt das „wozu". Cui bono – wem nutzt es? Dem Eigentümer, dem Shareholder, den Kunden, den Mitarbeitern? Am besten allen. Doch wir sollten nicht vergessen, dass New Work immer im Zeichen der Freiheit und der Kapitalismuskritik stand. Handle so, dass sich deine Optionen vergrößern. Handle so, dass sich die Optionen deines Gegenübers vergrößern. Kollaboration, nicht Konkurrenz ist die Handlungskonstante der neuen Arbeitswelt. Noch nicht viele haben das begriffen. Doch wie sollte man demokratisieren, wenn man dem Gegenüber nur schlechte Entscheidungen zutraut? Wie sollte man dezentralisieren, wenn man keine Kontrolle abgeben kann? Schwierige Sache, dieses New Work. Erst die Arbeit, dann das Vergnügen – so ging früher ein Spruch. Erst die Freiheit, dann die Arbeitsgestaltung – so sollte New Work heute sein.

Dieselgate: Über Autokonzerne und andere Kleinkriminelle

Dieselgate ist ja nun wahrlich kein *hot pick* mehr für deutsche Redaktionen. Dass Volkswagen in unfassbarem Ausmaß betrogen und belogen hat, sollte nun auch dem letzten Fernsehzuschauer, Zeitungsleser oder ADAC-Mitglied bekannt sein (letztere sind Betrug gewohnt, der ADAC hat da eine gewisse Begabung).

Aber nicht nur die Presse hat eifrig berichtet. VW hat mit Dieselgate den Olymp der Internet-Relevanz erreicht: eine eigene Wikipedia-Seite. Dort wird sehr lesenswert und haarklein aufgelistet: Vorgeschichte des Skandals, technische Details, sogar „staatliche Reaktionen" und vieles mehr. Es ist eine der längsten Wikipedia-Einträge, die ich in meinem Leben zu Gesicht bekommen habe. Da kann man lange drin schmökern. Doch keine Angst. Wer es kürzer mag, für den gibt es sogar einen eigenen Twitter-Hashtag (#dieselgate). Kein Scherz.

Und es hat ja nicht nur VW mit seinen Untermarken Skoda, Audi und Porsche betrogen (um nur die wichtigen zu nennen). Immer mehr Autoriesen stehen am Pranger: Ford, Honda, Mitsubishi, GM und so weiter und so fort. Im Grunde kann man vermuten: Wer nicht manipuliert hat, wer entweder zu dumm oder wurde noch nicht enttarnt. Man kann hier ruhig von einem globalen Vertrauens-GAU sprechen, was die Autoindustrie angeht. Und genau das ist für mich der interessante Punkt: Nicht nur ein Unternehmen einer Branche betrügt, sondern anscheinend die ganze Branche, komplett. Seit Jahrzehnten. Wie also entwickelt eine ganze Branche ein derart kriminelles Verhalten? Und kann man das überhaupt verhindern?

Autokonzerne ticken wie Kleinkriminelle. Man könnte sie so beschreiben: Sie sind nicht wirklich böse, haben aber auch nichts gegen einen kleinen Betrug hier und da, solange man damit durchkommt und keine großen Strafen fürchten muss. Zündschlösser,

Benzinverbrauch oder Stickoxid-Ausstoß: Erlaubt ist, was gefällt. Dazwischen sonnt man sich in einer gefühlten Großartigkeit (weil man ja noch nicht erwischt worden ist). Und ist man nicht total wichtig, eine „deutsche Schlüsselindustrie?" Kann man sich da nicht das eine oder andere Ding erlauben? Und andere machen das doch auch! Genau das sind die Denkmuster eines gewöhnlichen Kleinkriminellen. Er ist nicht wirklich böse, dreht aber sein kleines Ding, Betrug oder sonstwas und hofft, dass er nicht erwischt wird. Und natürlich ist er viel zu clever, um erwischt zu werden – bis es doch passiert wird. Dann ist das Elend groß.

Und noch eine Gemeinsamkeit gibt es: In sozialen Gruppen kommt es nicht selten zur sogenannten Verantwortungsdiffusion: Ja, ja, ich war dabei, aber entschieden habe ich nichts, das waren andere, ich habe ja nur mitgemacht. Ob das nun die Plünderung eines Ladengeschäfts durch Kleinkriminelle ist oder das Entwickler-Meeting bei VW, ist völlig egal. Alle zeigen mit dem Finger auf ande-re: Der war's. Ich bin nur der Herde nachgelaufen oder habe mei-nen Mund nicht aufgemacht. Die Verantwortung diffundiert in die Gruppe hinein, bis sie nicht mehr auffindbar ist.

Irgendwo, irgendwann wird es wieder knallen und ein Skandal ans Licht kommen, der sich gewaschen hat. Daher sollte man mög-lichst Bedingungen schaffen, die einen solchen Skandal schwerer machen. Zum Beispiel könnte man in Unternehmen neue Formen der Zusammenarbeit fördern, die gleichzeitig individuelle Verant-wortung trainieren, beispielsweise die Arbeit in sogenannten „Circles", selbstorganisierten Kreisen, die nach New Work-Prinzipien erstellt und eingesetzt werden. Diese Kreise setzen auf Selbststeuerung und Selbstverantwortung. Jeder ist für seinen Bereich sichtbar Rechenschaft schuldig. Das senkt die „soziale Er-wünschtheit", Dinge einfach abzunicken oder zu schludern.

Eventuell kann man auch (institutionelle) Nein-Sager installie-ren, kritische Menschen, die die Dinge in Frage stellen. Das ist na-türlich schwierig, weil das „Immunsystem" einer Organisation wahrscheinlich damit beginnt, den „Fremdkörper" abzustoßen. Im

Alltag füllen diese Rolle Führungskräfte aus, die sich das aus irgendwelchen Gründen erlauben können, oder externe Berater. Wichtig wäre eine solche Funktion grundsätzlich, denn eine Kultur des Buckelns und der Ja-Sager zieht weitere Ja-Sager an. Irgendwann kippt die Kultur ins Kritiklose und die Gefahr für Schummeleien aus Angst oder Bequemlichkeit nimmt drastisch zu.

Im Fall des Falles sollte man drastische Strafen verhängen. Eine Strafe hat in unserem Rechtssystem drei Funktionen: die Straffunktion für den Einzelnen, eine individuelle Läuterungsfunktion und eine Symbolfunktion für die Umwelt. Wer mit einem Betrug durchkommt, sendet darum ein klares Signal an die Umwelt: Schaut, bei mir funktioniert das! Deshalb ist das Lavieren der Politik in solchen Fällen wie Dieselgate so verheerend. Es sendet ein Signal an Millionen Bürger: Seht, im Grunde ist es uns egal. Wir arrangieren uns mit dem Täter und spendieren ihm noch 5.000 EUR pro verkauftem Elektroauto.

Ganz nebenbei wäre auch die Einführung eines Unternehmensstrafrechts in Deutschland nicht schlecht. Damit man Unternehmen als Ganzes zur Verantwortung ziehen kann und nicht nur kleine und große Würstchen als „Symptomträger".

Werden wir ein zweites Dieselgate verhindern? Nein. Aber wir können dafür sorgen, dass daraus drei oder vier werden. Wenn Mitarbeiter darin trainiert sind, Verantwortung zu übernehmen, wenn Unternehmen strukturelle Missverhältnisse beseitigen, wenn die Politik entschlossen eingreift – und wenn wir Bürger uns zweimal überlegen, was und bei wem wir kaufen.

Wachstumsdogma

Es gibt nicht mehr viele unhinterfragte Dogmen; das Dogma des Wirtschaftswachstums ist eines. Praktisch jedes Unternehmen kann das Dogma fehlerfrei herunterbeten: „Wachstum ist gut. Wir müssen wachsen, damit wir konkurrenzfähig bleiben. Je mehr wir wachsen, desto besser." Um es kurz zu sagen: Dieses Dogma ist heutzutage grundverkehrt. Wir sollten es in seiner Radikalität auf den Müllhaufen der Management-Mythen werfen.

In der Natur beispielsweise gibt es keinen Organismus, der sich ungebremst vermehrt, ohne Schaden anzurichten – außer Viren oder Krebszellen. Nicht einmal beim Universum selbst sind sich die Astronomen einig, ob es immer weiter auseinanderdriftet oder sich nicht doch irgendwann wieder zusammenzieht. Die positive Rückkopplung der Vermehrung, des Wachstums, der Ausbreitung bremst die Natur durch den Mechanismus der negativen Rückkopplung. In einem Jahr gibt es mehr Feldmäuse, aber weniger Bussarde. Da der Tisch für die Bussarde reich gedeckt ist, vermehren sie sich und dezimieren die Feldmäuse. Negative Rückkopplung eins. Doch da es nun weniger Feldmäuse gibt, werden auch die Bussarde weniger und das Spiel beginnt von neuem. Negative Rückkopplung zwei.

Nur wir Menschen sind so dumm, an immerwährendes quantitatives Wachstum zu glauben. Dabei gibt es längst neue Modelle des qualitativen Wachstums. So vergleicht der Neuropsychologe Gerald Hüther eine Organisation mit einem menschlichen Gehirn: Auch das menschliche Gehirn kann nicht endlos wachsen; die Schädeldecke ist Endstation. Aber es kann die Verbindungen, die Netzwerke zwischen seinen Abteilungen und Nervenzellen verbessern, um ökonomisch effizient zu bleiben. Und es kann Verbindungen verkümmern lassen, die es nicht mehr braucht. Das nennt man Neuroplastizität.

Wir sollten uns in modernen Organisation auf diese Plastizität konzentrieren, auf das qualitative Wachstum der Zusammenarbeit. Das überholte, quantitative Wachstumsdogma ist eine Lösung, zu dem es kein Problem mehr gibt. Dennoch hat es sich in den Köpfen von Managern verselbständigt und treibt sein ökonomisches Unwesen. Das Wachstumsdogma ist der Zombie unter den Wirtschaftstheorien: Er ist schon tot, weiß es aber noch nicht. Verhelfen wir ihm zum verdienten Ende.

New Office

Gestern las ich einen klugen Text. Die Autorin klagte, dass für viele Unternehmen New Work gar nicht New Work sei, sondern im Grunde New Office. Man setze sich gar nicht mit dem visionären Gedanken des New Work auseinander, sondern veranstalte eine scheininnovative Show, eine Pappkulisse, die beim ersten Windstoß in sich zusammenfalle.

Ich kann der Autorin nur zurufen: Danke für diesen Artikel! Ich habe das beim Thema Burnout vor einigen Jahren genauso erlebt: Auf einmal glaubt jeder, er verstehe das Thema und könne mitreden. Dem ist leider nicht so. Burnout ist vielschichtig und New Work eben auch. Doch es wird reduziert auf das Biotop des Büros, eben auf „New Office". Dazu muss man sagen: Dann lieber gleich bleiben lassen.

Ich verstehe diesen Trend. Es ist so leicht, so verführerisch, die anstrengende Vision des New Work in kleine, konsumierbare Häppchen zu packen, zu schlucken, kurz zu verdauen und zu sagen: Hey, war doch gar nicht so schlimm. Hustensaft ist viel schlimmer. Doch wo der Geist fehlt, kann die Organisation nicht folgen. Wo altes Management-Denken aus Kontrolle, Angst und Win-Lose-Szenarien herrscht, kann sich eine lebendige, kreative New Work-Philosophie nicht entfalten. Da hilft auch das verkrüppelte New Office nichts.

Zuerst der Geist, dann die Organisation. Zuerst die Kultur, dann das Büro. Liebe Führungskräfte: Bevor Sie irgendetwas approven, nehmen Sie sich als Führungskreis Zeit. Denken Sie darüber nach, wieviel Kontrolle Sie durch Vertrauen ersetzen wollen. Wieviel Macht Sie abgeben wollen. Wieviel Erneuerung Sie zulassen wollen, ohne sagen zu müssen: „Das ist nicht mehr mein Unternehmen." Dann haben Sie einen Zugang zu New Work. Nicht mit wechselnden Schreibtischen oder ähnlichem Unsinn macht man New Work, sondern mit einer Selbstverpflichtung, einem Einlassen als Führungskraft. Das bringt den Geist, die Kultur. Wer das nicht kann oder mag, soll es bleiben lassen oder New Office machen. Aber es bitte dann auch so nennen und verkaufen.

New Work: Vorsicht, Verwechslungsgefahr!

Kennen Sie „Google Alerts"? Ist kein schlechtes Tool. Sie können Keywords eingeben und sich die entsprechenden Homepages, News etc. per Mail schicken lassen. Das erspart so manche Recherche im Netz.

Was es mir leider nicht erspart, sind meine Herz-Tabletten. Seit längerem habe ich mir den Alert „New Work" eingestellt, um mitzukriegen, was sich in der Netzwelt diesbezüglich so tut. Und man muss sagen: nicht viel. Und wenn, dann regt es mich auf. Meist sind es geschickt platzierte PR-Artikel zum „New Work Award" von XING; gefühlte vier von fünf Meldungen drehen sich darum.

So gut wie immer, wenn ich dann den entsprechenden Artikel lese, denke ich mir: Hat eigentlich jemand, der hier in Deutschland „New Work" im Munde führt, Originalwerke von Frithjof Bergmann gelesen? Bergmann hatte von New Work – und er ist immerhin der spiritus rector dieses Begriffs – klare Vorstellungen. Hauptsächlich geht es ihm um die Abschaffung bzw. radikale Veränderung des Lohnarbeitssystems in seiner jetzigen Form. Das war seine Hauptforderung – neben seinem technologischen Konzept der „High-Tech-Eigen-Produktion" und dem Verfolgen einer individuellen beruflichen Vision.

Und so fängt's schon mal an; das Phänomen des „Elefanten im Raum" beginnt. Höre ich von jemandem im weiten Rund der virtuellen oder persönlichen New Work – Diskussionen diesen Kampfruf „Die Lohnarbeit macht uns krank! Weg damit!" ? Wohl eher nicht. Das würde auch dem Begriff als unbestimmtem „Alles wird besser" – Label schaden. Man will das Gebilde aus „Demokratisierung", „Sinnfindung" und der Phrase „auf Augenhöhe kommunizieren / führen etc." nicht gefährden. Man will ja schließlich entfalten, verbessern, demokratisieren, irgendwas auf Augenhöhe jedenfalls. Das riesige „aber", das Hauptmoment im Bergmannschen Sinne fällt komplett unter den Tisch: die Lohnarbeit als ein den Menschen „krankmachendes" System.

New Work ist ein vielversprechendes, revolutionäres Konzept, aber es droht zum Rohrkrepierer zu werden, wenn man es bereits in der Anfangsphase der Diskussion entstellt und sich nur die sozial erwünschten Rosinen herauspickt. Wenn jemand eine neue Spielart des New Work konzipieren will – nur zu. Aber dann soll man das auch so kennzeichnen und nicht den Originalbegriff missbrauchen. New Work ist ein spektakulärer Ansatz: neu, inspirierend, aber manchmal eben auch schwer verdaulich. Aber für schwer Verdauliches kann man halt keine funkelnden „New Work Awards" verteilen.

Berliner Chaostage

So, jetzt ist er also weg, der Chef des LaGeSo in Berlin. Gott sei Dank, der Schuldige ist gefunden. Jetzt können wir befreit lächeln und mit gutem Gewissen wieder an die Arbeit gehen. Denn sicher sind dadurch die Probleme des Berliner Flüchtlingskollapses gelöst – oder etwa nicht? Hm. Um mit Louis de Funes zu sprechen: „Nein! Doch! Oh!"

Ob Herr Allert nun ein brillanter Verwaltungsmann ist oder inkompetent – ich weiß es nicht, ich kenne ihn nicht persönlich. Was ich weiß, ist, dass ein öffentlicher (!) Rauswurf in dieser Situation eine Reißleine ist, die gezogen wird, wahrscheinlich ein Bauernopfer, ein symbolischer Stier, den man zur Schlachtung freigibt. Anna Reimann vom SPIEGEL bezeichnet Berlin in dieser Hinsicht gar als „Failed Stadt", als ein komplexes soziales Gefüge, das so gar nichts auf die Reihe kriegt: weder den Flughafen, noch die Flüchtlingskrise, die maroden Schulen, die Verwaltung oder das Management der Großbaustellen.

Von außen wirkt Berlin wie ein komplexes Konstrukt, das dem Zusammenbruch entgegentreibt. Oberflächlich gleicht es einem Ameisenhaufen, aber im Ameisenhaufen hat, auch wenn die Ameisedurcheinanderwuseln, alles seine Ordnung, sein System, seinen Platz. In Berlin scheint nichts eine Ordnung oder ein System zu haben.

Und genau darum geht es: Ein flexibles, komplexes Problem wie das Bewältigen der Flüchtlingsherausforderung ist mit den Mitteln des „Systems Verwaltung" nicht zu lösen. Verwaltung bedeutet Starrheit, Fixiertheit, Unflexibilität. In Normalzeiten ist das gut und richtig so, aber jetzt nicht. Die Zeiten sind nicht normal. Verwaltung bedeutet: Das System hat die Verantwortung. Wenn die Herausforderung aber nicht zum System passt und die Herausforderung übermächtig wird, scheitert das System. Das passiert nicht nur in Berlin, sondern in ganz Deutschland. Das System versagt und ein Alternativ-System springt an: die ehrenamtlichen Helfer. Flexibel, improvisationsfähig, mit Ressourcen ausgestattet.

Mit den bisherigen Mitteln wird das Chaos in Berlin weitergehen. Das ist unvermeidlich. Nicht Franz Allert ist das Problem, sondern das Wesen der Verwaltung. Im Grunde müsste die Verwaltung sich selbst außer Kraft setzen und fragen: Mit welchen Mitteln können wir flexibler, improvisationsfähiger, reaktionsschneller werden? Ganz bestimmt nicht, indem man freiwilligen Helfern das Leben schwer macht. Doch ein solcher Paradigmenwechsel kann nicht verordnet werden; er muss zuerst in den Köpfen der maßgeblichen Berliner Verwaltungsköpfe stattfinden. Dass das passiert, bezweifle ich.

Spurwechsel

Autobahnen sind eine feine Sache. Neulich war ich auf der A 81 zwischen Würzburg und Stuttgart unterwegs und kam erstaunlicherweise sehr gut voran. Man schnurrt dahin und kann sich – selbstredend abhängig von der Tageszeit – eines fast ungetrübten Fahrvergnügens erfreuen.

Einen wichtigen Beitrag dazu leisten die Spurstreifen. Spurstreifen sorgen dafür, dass Autofahrer auf ihrer Spur bleiben. Sie können vielleicht ein bisschen mehr an den Spurrand fahren, aber im Großen und Ganzen sollte man in seiner Spur bleiben, will man größere Blechschäden oder eine körperliche Versehrtheit vermeiden. Will man die Spur wechseln, wird es Zeit für den Blinker. Aber auch hier entscheidet der Autofahrer, wann geblinkt und in welche Spur gewechselt wird.

Traditionelle Organisationen sind manchmal noch simpler gestrickt als Autobahnen – und das will etwas heißen. Traditionelle Organisationen schreiben unter anderem vor, in welcher Spur man zu fahren hat, wie schnell man fahren darf und wann man wie die Spur wechselt. „Direkte Kontrolle" nennt das die Forschung. Prozessschritte werden exakt vorgegeben, Schnittstellen explizit geregelt, festgelegt, wer mit wem wann sprechen darf und vieles andere mehr.

Im Gegensatz dazu praktizieren moderne Organisationen eher die „indirekte Steuerung". Man sagt dem Arbeitnehmer (im übertragenen Sinne): „Fahr von Würzburg nach Stuttgart, nimm meinetwegen die Autobahn, das geht schneller, aber wie du im Detail fährst, ist nicht wichtig. Hauptsache, du kommst gesund und rechtzeitig an." Eine sinnvolle Sache, die den Mitarbeiter natürlich in die Verantwortung nimmt, seinen eigenen Weg zu finden.

Diese „indirekte" Steuerung durch Selbstorganisation kann auch zu Lasten des Mitarbeiters manipuliert werden. In solchen Fällen stiehlt sich die Organisation aus ihrer Verantwortung und lastet dem Mitarbeiter die Verantwortung für Probleme auf, die er gar nicht lösen kann: „Schmidt! Ab jetzt jedes Jahr 15 % mehr Umsatz! Egal, wie Sie das machen: Hauptsache, es läuft!" Dass Schmidt aufgrund der Verfassung des Unternehmens und der Marktgegebenheiten gar keine 15 % mehr pro Jahr schaffen kann, ist dem Chef egal. Er reicht die Verantwortung für das Unternehmensergebnis im Sinne der „indirekten Steuerung" an Herrn Schmidt weiter.

Beide Varianten sind destruktiv: die „totale", direkte Steuerung genauso wie die verantwortungslose indirekte Steuerung, die der möglicherweise wenig ausgeprägten Selbstregulierung des Mitarbeiters das Feld überlasst. Von daher sollte gelten: Rahmensetzung ja, detailversessene Kontrolle nein. Ruhig indirekte Steuerung einsetzen, aber in Maßen und immer unter der letztlichen Verantwortung der Unternehmensführung. Denn Spurwechsel ist machbar und okay. Aber das Ausbrechen aus der Autobahn, um querfeldein zu gurken, nur weil der Chef das vorgibt – das sollte man besser lassen.

Systemfehler

Ab und zu komme ich in die Verlegenheit, ein Paket verschicken zu müssen. Ja, ich weiß, selbst schuld. Aber ich glaubte eben an das Gute im Menschen und an die Zuverlässigkeit der Deutschen Post. Wobei ich mir beim zweiten nicht sicher war. Ich weiß nicht, ob Einstein schon Erfahrungen mit der Deutschen Post gemacht hatte, als er verzweifelt ausrief: „Es gibt nur zwei Dinge, die unendlich sind: das Universum und die menschliche Dummheit. Beim Universum bin ich mir allerdings nicht ganz sicher."

Das Einsteinsche Universum probiert an mir manchmal interessante Probleme aus. Ich bin sowas wie der Testkäufer Gottes. Funktioniert eine Sache bei mir, kann man sie auf die Welt loslassen. Womit wir wieder bei meinem Paket wären. Ich tat, was alle Menschen tun, die ein Paket verschicken: Ich ging auf die Post, beschriftete Absender und Empfänger, klebte auf und bekam eine Sendungsnummer. Danach spazierte ich in den lauen Frühlingsabend hinaus.

Acht Tage später meldete sich der Empfänger: Das Paket sei noch nicht da. Ob denn die Sendungsnummer stimme? Ich erspare dem Leser das Recherchedrama des dritten Aktes und komme gleich zum Höhepunkt: Die Mitarbeiterin der Postfiliale hatte vergessen, den Klebezettel mit der Sendungsnummer auf mein Paket zu kleben. Am nächsten Tag griff sich eine weitere Mitarbeiterin den Zettel und klebte ihn auf ein anderes Paket. Eine simple Verwechslung ohne dramatische Folgen, könnte man meinen. Womit niemand gerechnet hatte – ich am allerwenigsten – war die Blindheit des Kundensystems Post. Und die zeigte sich fast unmittelbar.

Erster Versuch. Das Kontaktformular der DHL fordert zwingend eine Sendungsnummer. Wäre toll, nur ging es in meinem Fall ja genau darum, keine Sendungsnummer zu haben bzw. eine für ein völlig anderes Paket. Trotzdem füllte ich sklavisch alle Felder aus und lud sogar meinen gescannten Einlieferbeleg (mit Anmerkungen!) hoch. Ergebnis: Die DHL teilte mir mit, mein Paket – das eben nicht meines war – sei wohlbehalten in Flensburg angekommen. Ich freute mich für den Flensburger Empfänger und stellte eine Kerze für meinen Empfänger in Hannover auf.

Zweiter Versuch. Nachdem ich auf der DHL-Seite keine Kunden-Telefonnummer gefunden hatte (allein diese Suche kostete mich eine Stunde und zwei Flaschen Grappa), fand ich auf einer externen Selbsthilfe-Seite eine Servicenummer der DHL. Flugs angerufen, stellte ich fest, dass man den Sprachroboter nur mit Eingabe einer Sendungsnummer besiegen kann. Eine Eingabe brachte natürlich nur ein „Erfolgreich zugestellt! Schönen Tag noch!"

Dritter Versuch. Das nächste Mal war ich schlauer und wählte den Menüpunkt „Reklamation". Und es war sogar ein echter Mensch am Telefon! Durchaus sympathisch erläuterte er mir, dass er da leider gar nichts machen könne. Nur ein Nachforschungsauftrag bliebe da noch. Den hatte ich allerdings (siehe erster Versuch) schon per Mail gestellt – mit der Antwort „Erfolgreich zugestellt! Schönen Tag noch!"

Für mich liegt hier der Fehler im System. Die DHL ist anscheinend nicht auf den Fall vorbereitet, dass ein Paket keine Sendungsnummer hat. Die Erfinder des DHL-Kontaktformulars, der DHL-Hotline und des DHL-Nachforschungsauftrags ziehen anscheinend überhaupt nicht in Betracht, dass ein Paket ohne Sendungsnummer umherirrt. Ein klassischer Systemfehler. Und man endet wie der Buchbinder Wanninger im Kreis des bürokratischen Un- und Wahnsinns. Fragen, auf die ich keine Antworten bekommen habe: Wo ist mein Paket? Was passiert jetzt damit, da es keine Sendungsnummer hat? Wird es an mich zurückgeschickt? Wenn ja, wie lange dauert das?

Ein Unternehmensprozess ist nur dann ein guter Prozess, wenn er flexibel auch auf ungewöhnliche Vorkommnisse reagieren kann. „Dynamikrobust" nennen Organisationsentwickler diese Eigenschaft. „Resilient", anpassungsfähig an die Umwelt, träfe es auch ganz gut. Die Umwelt, das ist der Kunde, und dem sollte man sich anpassen können. Auch wenn er keine Sendungsnummer hat.

Gier, Erpressung, rauhe Sitten – die hässliche Realität der Autobranche

Nun also ein millionenschwerer Zuliefererstreit um gekündigte Verträge und nicht gelieferte Teile. VW kommt nicht zur Ruhe. Und auch wenn sich VW nun mit der Prevent-Gruppe geeinigt hat: Der Streit ist ein wichtiges Signal. Endlich wird ein wenig die Decke gelüftet über den Verhältnissen, die für die Autobranche typisch sind: komplexe Abhängigkeiten, ungleiche Machtverhältnisse, Gier, Erpressung und das Fehlen von Anstand und Sitte.

Es ist ein offenes Geheimnis, dass Autozulieferer von Jahr zu Jahr schlimmer von den großen Autoherstellern ausgepresst werden. Einkäufer der großen Hersteller sollen Einsparungsziele von jährlich bis zu 3 % oder mehr verwirklichen, die sie den Zulieferern abpressen müssen. Im Klartext heißt das: Liefert uns immer bessere Qualität zu immer geringeren Kosten. Dass das langfristig schiefgehen muss, kann sich jedes Kind ausrechnen. Doch manche Zulieferer, die einen Großteil ihres Geschäfts mit nur einem oder zwei Kunden machen, müssen dieses schändliche Spiel mitspielen – oder sie sind raus und können ihren Laden zumachen. Manche Einkäufer gehen in Lieferantengesprächen auch zu offener Erpressung über, so wird dann das eigene Einfamilienhaus finanziert. Zulieferer reiten daher ständig auf der Rasierklinge des Verlusts und arbeiten in der Regel mit einer sehr geringen Marge. Zum Leben zu wenig, zum Sterben zu viel.

Die ungleichen Machtverhältnisse zwischen den Autokonzernen und ihren Zulieferern sind ein perfektes Beispiel dafür, was passiert, wenn man Macht ohne Verantwortungsbewusstsein auslebt. Macht korrumpiert und die Habgier übernimmt das Ruder. Hauptsache Profit. Ob die Teile-Qualität leidet oder der Zulieferer vielleicht pleitegeht: egal, solange nur die eigene Marge stimmt. Das Beste am aktuellen Streit zwischen VW und Prevent ist dessen Eskalation. Damit wir über die Verantwortung von Autobauern reden, die sich immer weniger als Produzenten und immer mehr als Logistiker und Marketing-Maschine verstehen. Damit sich vielleicht andere Zulieferer auch auf die Hinterbeine stellen und beim russischen Roulette der ruinösen Zulieferpreise nicht mehr mitspielen.

Will man das Verhältnis von Autobauern und Zulieferern auf gesunde Füße stellen, muss man der Logik von Post-Bürgerkriegsgesellschaften folgen. Die Verheerungen haben das gegenseitige Vertrauen vollständig zerstört. Es gibt eine sehr schwierige Vergangenheit, aber ein gemeinsames Zukunftsziel (das ökonomische Überleben). Diese Gemengelage kann man mit rein rationalen Verhandlungsrunden nicht mehr lösen. Es braucht vielmehr Rituale und Prozesse der Versöhnung. Außerdem sollte man verstärkt moralisches Verhalten lehren, denn auch für Profit gibt es eine Grenze. Im daraus folgenden „ethischen Kapitalismus" liegt die Zukunft unseres Wirtschaftssystems. In grauer Vorzeit nannte man dies das Prinzip des „ehrlichen Kaufmanns", welches im Neoliberalismus leider vergessen und für den Shareholder Value verkauft wurde.

Der New Work – Begründer Bergmann propagiert seit Beginn seiner Bewegung einen „Dritten Weg", einen modifizierten Kapitalismus, weder neoliberal noch salonkommunistisch. Der Kapitalismus hat fraglos seine guten Seiten. Nur die entfesselte, perverse Spielart aus Gier, gegenseitiger Erpressung und unverantwortlichem, kurzsichtigem Handeln muss man deutlich verurteilen. Insofern ist der aktuelle Konflikt zwischen VW und Prevent ein Lehrstück des alten Kapitalismus und vielleicht die Chance auf die Verwirklichung eines neuen. Mit den Werten, die New Work propagiert: Mut, Vertrauen und Verantwortungsbewusstsein.

Die Welt wird besser, nicht schlechter!

Heute möchte ich eine Lanze brechen für die Zeit, in der wir leben. Sie ist nämlich absolut fantastisch. Es gab, global gesehen, noch keine Zeit, in der es der Menschheit so gut ging:

Der Evolutionspsychologe Steven Pinker hat nachgewiesen, dass die Menschheit immer friedlicher wird und die Wahrscheinlichkeit, durch Mord oder Krieg umzukommen, in der Menschheitsgeschichte noch nie so niedrig war wie heute. Die WHO hat in einer Untersuchung von 20 Millionen Menschen in 186 Ländern festgestellt, dass es global inzwischen mehr fettleibige Menschen gibt als Unterernährte. In den letzten 25 Jahren hat sich der globale Bevölkerungsanteil mit Zugang zu sauberem Trinkwasser von 76 % auf 91 % erhöht, in Afrika immerhin von 50 % auf 68 %. Der globale Human Development Index, in den unter anderem Lebenserwartung und Bildungsstand eingehen, ist in den letzten 25 Jahren von 0.60 auf 0.711 gestiegen.

Letzte Woche schrieb ich über die Diktatur der Gefühligkeit und über New Work als Werkzeug einer neuen Aufklärung. Und genau wie die dominante Gefühligkeit kann unsere Wahrnehmung unsere Beurteilung der Realität verzerren. Wenn wir nur noch zugeschüttet werden mit Nachrichten über Terror, Krisen, Krieg und Seuchen, verlieren wir das wahrnehmungspsychologische Gleichgewicht. Natürlich gibt es Probleme und natürlich sind sie nicht klein. Aber sie sind auch nicht übermächtig und werden uns auch nicht in die Apokalypse treiben. Dieser „Wir werden alle sterben!" – Sound ist sowas von 80er-Jahre-B-Movie: Er gehört ins Abendprogramm von TELE5 und nicht in die Diskussion über unsere politische, wirtschaftliche oder kulturelle Zukunft.

Wir sollten uns nicht von den Nachrichten blenden lassen. Only bad new are good news, ist eine alte Medienweisheit. Oder wie es jemand kürzlich auf Facebook ausdrückte: Die Nachrichten berichten über die Ausnahmen von der Regel, nicht über die Normalität – denn die ist für Nachrichten qua definitionem grundsätzlich uninteressant.

Gewöhnen wir uns an apokalyptisch anmutende Nachrichten, geschieht viel mehr als ein bloßes erweitertes Bewusstsein für schlimme Schlagzeilen. Wir verlieren nach und nach unsere Fähigkeit zur Hoffnung, weil wir uns gar nicht mehr vorstellen können, dass sich auf irgendeiner wichtigen Dimension noch eine Verbesserung einstellt. Irgendwann beeinflusst nicht mehr die Realität unsere Wahrnehmung, sondern umgekehrt. Wir halten schlimme Nachrichten für den Normalzustand unserer Welt. Und das ist die eigentliche Tragödie, denn sie raubt uns einen wichtigen Teil unseres Menschseins: die Fähigkeit zur Hoffnung.

Warum fällt es vielen Organisationen schwer, New Work umzusetzen? Und warum gelingt es einigen Unternehmen dennoch? Ich glaube, dass ein wichtiger – und praktisch kaum diskutierter – Unterschied zwischen diesen beiden Unternehmenstypen darin liegt, dass erfolgreiche New Work – Umsetzer Hoffnung haben, dass die Dinge besser werden können. Sie haben ein Reservoir an Energie, an Optimismus, das sie investieren, weil sie an eine bessere Zukunft glauben. Doch diese Unternehmen sind rar gesät.

Es gibt drei entscheidende Hindernisse auf dem Weg einer Organisation zu New Work: 1. die Management-Philosophie von Menschen als Maschinen, 2. Gier und 3. Angst. Angst vor dem Neuen, Angst vor Veränderung, Angst vor Kontrollverlust. Diese Angst kann nur die Hoffnung überwinden. Doch woher Hoffnung nehmen, wenn wir mental deformiert sind durch den Sturm hysterischer und pessimistischer Nachrichten, der uns niederdrücken will?

Ein zukunftsweisendes Konzept besteht deshalb für mich darin, solch gute Nachrichten wie die oben genannten zu recherchieren und zu verbreiten. Damit unsere mentale Waage wieder ins Gleichgewicht kommt. Damit wir nicht nur „in Problemen denken, sondern in Lösungen", wie es so schön heißt. Denn es gibt sie: Herausragende Lösungen, geboren aus Kreativität, Engagement und der Hoffnung, dass mit ihnen die Zeiten eben besser werden – und nicht schlechter. Deswegen, lieber Leser: Hoffen Sie. Auch Ihre Arbeit kann die Welt zu einem besseren Ort machen.

Warum wir weniger fühlen und mehr denken sollten

Wir leben in einem Zeitalter des Gefühls. Nein, der Gefühligkeit. Und das ist eine Katastrophe für uns alle. Wir leben in den selbstverstärkenden Filterblasen unserer sozialen Medien, konsumieren tonnenweise Hysterie, Angst und Weltuntergangsstimmung und wundern uns dann, dass uns alle Sicherungen durchbrennen. Mittlerweile sind manche Personen der Öffentlichkeit im Grunde nur noch einen Schritt von ihrer Einweisung in die Psychiatrie entfernt. Nur merkt es keiner, weil alle an der gleichen Störung leiden: dem Vertrauen in das eigene Gefühl als Richtschnur zur Beurteilung der Welt.

Es gibt ein Video im Netz, in dem eine amerikanische Nachrichtenmoderatorin verzweifelt versucht, den Politiker Newt Gingrich mit Fakten zu konfrontieren: über sinkende Verbrechensraten, verbesserte ökonomische Zahlen etc. Gingrich weigert sich kategorisch, das zur Kenntnis zu nehmen. Der Dialog nimmt absurde Züge an. Die Moderatorin: „Aber das sind doch Fakten, das sind offizielle Zahlen!" Gingrich: „Aber ich FÜHLE das nicht." Das Ganze gipfelt in Gingrichs Behauptung, er sei als Politiker nicht zuständig für Fakten, sondern für die Gefühle seiner Wähler. Was für ein Statement eines der mächtigsten Politikers der Republikaner! Gar nicht zu reden von Donald Trumps geifernden Reden, die vor Lügen und puren Gefühlsbehauptungen nur so strotzen.

Man sollte das nicht vorschnell als amerikanisches Phänomen abtun, nach dem Motto: „Die spinnen sowieso, die Amis!" (siehe Waffengesetze, Todesstrafe und ähnliches.) Nein, das Anti-Intellektuelle, Denkfeindliche, das Stolzsein auf die pure Emotion ohne Hirneinschaltung hat längst Europa erreicht, und zwar flächendeckend. Dafür gibt es politisch ein klares Fieberthermometer: Je antiintellektueller und gefühlsduseliger ein Land wird, desto stärker werden rechtspopulistische und nationalistische Kräfte. In

Sachsen gibt es nur 3 % Ausländer? Egal, man „fühlt" sich bedroht. Der Rat praktisch aller ökonomischen und politischen Sachverständigen, der Brexit führe Großbritannien ins Chaos? Wurscht, man „fühlt" sich von der EU gegängelt und von Migranten überfremdet. Man lügt sich sein Weltbild zusammen und verlässt – wie Nigel Farage – als Feigling die politische Bühne, nachdem man sein zerstörerisches Ziel erreicht hat.

Ich selbst habe und zeige gern Gefühle, aber man sollte doch die Kirche im Dorf lassen. Besonders, wenn es um die Gestaltung politischer und wirtschaftlicher Realitäten geht. Es wird, und da hat ein Kommentator der Wirtschaftswoche völlig Recht, Zeit für eine neue Epoche der Aufklärung: „Die Europäer rühmen sich für diesen Prozess einer geistigen und sozialen Reformbewegung, gesteuert durch rationales Denken. Die Aufklärung ist ein ständiger und niemals abgeschlossener Prozess. Entweder wir beleben ihn neu oder wir ziehen wieder zurück in die Höhle. Das wäre der Preis für unsere intellektuelle Selbstaufgabe."

New Work ist für mich Teil dieser Aufklärung. Es geht eben NICHT um Feelgood Manager oder das gequälte „Tschakka-Tschakka" von Mitarbeitern in gefühligen Change-Workshops. New Work ist eine philosophisch begründete Bewegung der Aufklärung, ein Sprachrohr, das die Anforderungen der jeweiligen Zeit spiegelt, analysiert und entwickelt: von John Locke über Max Weber, über die Psychologen der „rationalen Wende" bis hin zu Richard Sennett und Frithjof Bergmann. Daher rufe ich Sie auf, lieber Leser: Lasst uns endlich wieder denken!

Drei Gründe, warum die AfD scheitern wird

Die AfD geht mal wieder in die Vollen, spaltet sich in Baden-Württemberg und bewirft sich im Bundesvorstand mit Dreck. Ich persönlich empfinde dabei eine gewisse Befriedigung, da ich die AfD für eine fremdenfeindliche, völkisch gesinnte, populistische und rückwärtsgewandte Partei halte, die in einem deutschen Landtag oder gar im Bundestag nichts zu suchen hat.

Doch des Wählers Wille ist sein Himmelreich, und letztlich hat eine Nation die Parteien, die sie verdient. Von daher darf ich den Kelch weiterreichen an die selbsternannten „Protestwähler", die so dumm waren, auf diese Rattenfänger hereinzufallen. Darüber ist schon genug getalkt und geschrieben worden, daher schließe ich somit diese Klammer.

Der Aufstieg (und Fall?) der AfD hat jedoch andere interessante Aspekte. Eine Parteigründung ist ja auch eine Art selbstorganisierender Prozess. Es gibt natürlich das Parteiengesetz und andere bürokratische Regelungen, doch im Kern geht es um einen Akt der Selbstorganisation. Doch wie bei einer Sonne, die entsteht, aber nicht stabil bleibt, sondern als Schwarzes Loch in sich zusammenstürzt, kann dabei viel schiefgehen. Wie man an der AfD hervorragend sezieren kann. Denn sie wird scheitern – aus drei Gründen:

1. Es gibt keine klare positive Vision. Die AfD hatte nie eine motivierende Vision. Sie ist eine Zerstörungspartei, eine „Dagegen"-Partei, eine Partei des selbsternannten „Widerstands" gegen „die da oben", „das System" etc. Für eine echte Selbstorganisation reicht jedoch diese destruktive Energie, diese „Weg von" – Motivation nicht aus. Es braucht eine positiv besetzte, kraftvolle „Hin zu" – Motivation. Diese fehlt der AfD völlig. Sie erstickt an miesepetrigem Gejammer, an Intrigen und dumpfer Grummelei. Das befördert natürlich die parteiinternen Fliehkräfte: Das „Dagegen" der Partei in die politische Landschaft hinein wird irgendwann auf die „Feinde" in der eigenen Partei angewandt. Auch wenn andere Parteien

ebenfalls mal Mist bauen: Die positive Vision gehört in der Regel zu deren Gencode: Die SPD hat die soziale Gerechtigkeit, die FDP die Freiheit, die Grünen die Ökologie und so weiter. Eine solche Vision geht der AfD völlig ab.

2. Form doesn't follow function. Das Zerstörende, das Destruktive steht natürlich einer Partei als Daseinsform diametral gegenüber. Parteien leben vom Kompromiss, von der Integration unterschiedlicher Sichtweisen. Die AfD zog von Beginn an die Besserwisser in ihren Bannkreis, die subjektiv (!) zu kurz Gekommenen, die unversöhnlichen Rechthaber. In Phase 1 waren das die „Professoren" um Lucke, in Phase 2 sind das nun die völkisch orientierten, fremdenfeindlichen Populisten um Gauland und Höcke. Doch das System integriert nicht, es desintegriert – durch Abspaltungen, Ausgründungen oder schlicht persönliches Kaltstellen und Intrigieren. Dafür ist die Organisationsform Partei nicht gemacht. Auf Dauer wird das System AfD zerfallen bzw. um einen politisch bedeutungslosen Kern kreisen – spätestens, wenn sich kein inner- oder außerparteiliches „Dagegen" mehr bilden lässt. Anders formuliert: Würde die AfD sich ehrlich machen, wäre sie von ihrer Organisationsform her eher eine zellteilige Struktur – wie die Terrorbewegung RAF.

3. Das System verweigert sich seiner Umwelt. Jedes System lebt in Interaktion mit seiner Umwelt. Ein Mensch lebt in Interaktion mit seiner Familie, eine Abteilung in Interaktion mit anderen Abteilungen, eine Land in Interaktion mit seinen Nachbarn. Eine solche Anpassung erfordert von einem System – oder eben einer Partei – eine Anpassungs- und Lernleistung. Das nennt der Volksmund Erfahrung. Die AfD verweigert sich diesem Lern- und Anpassungsprozess – aus der schon angesprochenen Dagegen-Haltung. Aber ein System ist ohne Interaktion mit seiner Umwelt nicht lebensfähig. Entweder die Umwelt stößt das System ab, oder das System überwältigt die Umwelt. In der Politik nennt man das dann Putsch, Umsturz, Revolution. Und es gibt ja durchaus Unterströmungen in der AfD, die das System stürzen wollen: Reichsdeutsche, Identitäre, Neonazis und andere „besorgte Bürger".

Fassen wir zusammen: Ein Akt der Selbstorganisation braucht ein klares Ziel und eine klare, positive Vision. Er muss weiterhin eine passende Organisationsform finden, die den Charakter und die Ziele des Systems unterstützt. Und schließlich muss das System fähig und willens sein, im Prozess der Selbstorganisation zu lernen und zu integrieren. All das gelingt der AfD nicht. Deshalb freue ich mich darauf, irgendwann sagen zu können: Friede ihrer Asche.

Über die Vereinbarkeit von Beruf und Familie

Vor einiger Zeit schrieb ich über die bewusste Entscheidung von Frauen, zugunsten der Familie in Teilzeit zu gehen. Ich sah darin ein neues Selbstbewusstsein, eine neue weibliche Gestaltungsmacht inklusive einer Absage an den humanverschlingenden Kapitalismus mit seinem Drang, den ganzen Menschen zu beanspruchen. Frauen wären nach dieser Interpretation Speerspitzen des New Work – Gedanken, der eine sinnvolle Lebensplanung auch abseits der eigenen Karriereplanung herausfordert. Doch das ist nur die eine Seite der Medaille.

Die andere Seite der Medaille beschreiben zwei hervorragende Texte, die ich gestern zum Thema „Vereinbarkeit von Beruf und Familie" las. Die Autorin Pia Ziefle schreibt, es fehle an der Normalität, „ dass Kinder eben da sind und genauso zum Leben gehören wie, ähm, wie die Tapeten an der Wand? Wie die Blätter an den Bäumen? So in etwa. Dass sie so normal dazugehören, dass niemand im Büro rumdrucksen muss, weil sie schwanger ist, weil er noch ein Kind erwartet, weil alle früher nach Hause müssen zum Laternenumzug. Dass wirklich niemand überlegen muss, bewerbe ich mich auf diese oder die andere Stelle [..]. [..] Wenn wir von Vereinbarkeit sprechen, muss zuerst klar sein, dass wir hier als Gesellschaft Kinder bejahen. Was definitiv nicht der Fall ist."

Warum ist das ein Problem für New Work? Weil die Personal- und Organisationsentwicklung in unserer Wirtschaft immer noch nach teilzeit- und kinderfeindlichen Gesichtspunkten läuft. Und da bei „Teilzeit" immer noch automatisch „Frau" mitgedacht wird, läuft das Ganze auf den Fetisch der männlichen Vollzeitstelle hinaus. Wenn wir Frauen und Männern beidermaßen größtmöglichen Gestaltungsspielraum in Beruf und Familie zubilligen wollen, ist eine solche Denkfalle Gift.

Der anonym bloggende „ersatzpapi" bringt es auf den Punkt: „Es macht keinen Sinn, dass Eltern einem potentiellen Arbeitgeber erklären müssen, wie sie die Betreuung der Kinder denn regeln. Dass Eltern einen Lebenslauf zu erklären haben, in dem Lücken in der Berufstätigkeit aufgrund von Betreuungszeiten für die Kinder vorkommen. [..] Dass Karrieren unwiderruflich beendet sind, wenn man sich eine Zeitlang um die Kinder kümmert. Dass es Eltern gibt, die ihre Kinder gar nicht oder teilweise gar nicht sehen, weil sie sich für einen bestimmten Karriereweg entschieden haben."

Die überwiegende Erfahrung von Arbeitnehmern und Arbeitssuchenden ist ganz klar: Man wird nicht wegen, sondern trotz Kindern eingestellt. Was für eine verrückte, lebensfeindliche Haltung! (die ich allerdings leider auch in meiner eigenen Arbeit immer wieder bestätigt bekomme). Übrigens komme man mir nicht mit dem Argument der 40h-Woche-Verfügbarkeit:

Erstens kenne ich nicht wenige Firmen, die an ihrem Präsentismus kranken, die bräuchten an manchen Stellen gar keine Vollzeitfräfte (während sie an anderer Stelle absaufen, auch das kommt vor). Zweitens kann man Arbeit heutzutage intelligent organisieren, ohne dass man ständig im Büro hockt: mit Home Office, Job, Shring (wenn man sich traut), flexiblen Arbeitszeiten etc. Drittens kann man die Power und Kreativität, die Arbeitgeber von einem verlangen, gar nicht acht Stunden pro Tag abrufen. Voll da ist man höchstens drei Stunden, der Rest ist mehr oder minder organisierte Füllung mit Mails, Einschlaf-Meetings oder Administration.

Um eine echte Kultur der Vereinbarkeit von Familie und Beruf zu schaffen, muss man die Männer und speziell die Väter gewinnen. Die Frauen haben sich jetzt genug abgehampelt. Das Ergebnis ist überschaubar. Ohne die Männer ab 40 in Führungspositionen gewinnt man hier keinen Blumentopf. Aber die sind schwer zu knacken, beruht doch ihre Erfolgsformel in der Regel auf Selbstausbeutung und „job first". Es wird also noch lange dauern und viele Gespräche und Blogartikel brauchen, bis man im Bewerbungsgespräch hört: „Sie haben Kinder? Klasse, Sie sind eingestellt!"

Über den Brexit und die Chance maximaler Instabilität

Ich weiß gar nicht, was mich heute mehr durcheinanderbringt: dass Good Old Britain der EU den finalen Stinkefinger gezeigt hat oder dass mein Lieblingsshampoo alle ist. Es sind beides tragische Ereignisse, wobei mich der temporäre Verlust meines Shampoos doch innerlich mehr aufwühlt. Ein gutes Teebaum-Shampoo findet man eben nicht an jeder Ecke.

Was ist die Situation? Sogar eingefleischte Politikbeobachter, Juristen und Kommentatoren sind sich einig: Die Situation des Brexit ist historisch-politisch ohne Beispiel. Ein Fall ohne Präzedenz, wie man so schön sagt. Was andere bedauern oder für eine große Katastrophe halten, betrachte ich als ausgesprochenen Glücksfall. Die nun eingetretene Situation des Brexit schafft ein Momentum maximaler Unsicherheit bzw. einen Zustand höchster (ungerichteter) Instabilität in Politik, Wirtschaft und Gesellschaft. Die Möglichkeit, aus einer solchen maximalen Dynamik heraus gestalten zu können, bietet sich aufgrund eingefahrener Verhältnisse nur selten.

Stellen Sie sich eine Kugel am tiefsten Punkt eines Tales vor. Sie ruht, überall um sie herum steigt das Tal an. Sogar wenn man die Kugel anstößt, rollt sie vielleicht ein bisschen hinauf, aber die Schwerkraft zieht sie wieder herunter. Die Kugel kann das Tal nicht verlassen. Nehmen wir an, die Kugel ist die EU. Man kann sie ein bisschen schubsen, ein wenig drücken, aber insgesamt rollt sie immer wieder in ihren stabilen Zustand im Tal zurück. Um sich zu verändern, müsste man sie entweder mit viel Druck und Energie auf einen der umliegenden Hügel bugsieren, von wo aus sie in ein neues Tal der Stabilität rollen kann. Oder man versetzt sie durch Zauberhand auf den Gipfel des nächsten Hügels.

Genau das hat der Brexit vollbracht. Soviel sich separatistische Kräfte, Nationalisten und andere Strömungen auch bemüht haben – die Grundgefüge der EU haben sie nicht verändert. Sie haben gedrückt und gestoßen, aber auf einen Hügel mit Ausblick ins nächste stabile Tal haben sie die EU nicht gebracht. Der Brexit schon. Er ist die Zauberhand, die die Kugel EU auf den Hügel versetzt hat, in einen dynamischen Zustand maximaler Instabilität.

Die ersten Medienmeldungen waren natürlich Panikmeldungen: Oh, die Finanzmärkte werden nervös! Das Pfund stürzt ab! Warum ist das bitteschön auf einmal schlimm? Die Deutschen beispielsweise jammern doch ständig, dass der starke Euro ihnen den Weltmarkt versaut. Normalerweise ist eine niedrige Währung ein Garant für bessere Exportchancen. Warum sagt das niemand beim Brexit? Man dreht die Fakten ebenso, bis es ins eigene Weltbild passt.

Panik ist auch deshalb nicht angesagt, weil Panik die Kreativität zerstört. Und die haben wir wirklich nötig. Wer jetzt nur die EU reparieren will, hat Art und Größe der Herausforderung nicht verstanden. Es geht nicht mehr um eine Verbesserung des aktuellen Zustandes oder um ein krampfhaftes Festhalten am status quo, sondern um die Kreation eines völlig neuen Zustandes. Das ist die Chance des Paradigmenwechsels, das Nutzen der maximalen Instabilität, das Schubsen der Kugel in ein anderes Tal hinunter.

Der Stein EU rollt bereits hinab in ein anderes Tal, wir wissen nur noch nicht, in welches. Wird es grün sein oder karg? Mit einem schönen See oder einer illegalen Müllkippe? Man könnte das Moment der Instabilität auf verschiedene Arten nutzen:

1. Man fragt gleich alle Mitgliedsstaaten: Wer von euch ist noch dabei? Machen wir reinen Tisch. Nutzen wir die Erschütterung, um uns ehrlich zu machen. Wer hier mit einem neuen Einverständnis dann wiederum mit dabei ist, hat auch ein neues Bewusstsein für seine europäischen Verpflichtungen.

2. Man zieht die historische Karte und schafft ein Kerneuropa aus den Ursprungsländern. Alles auf Null, aber mit den entsprechenden „lessons learned". Zugegeben, das wäre wahrscheinlich

die gigantischste Feedback-Schleife der Geschichte. Aber besser spät als nie.

3. Man lässt Europa wieder in Nationalstaaten zerfallen. Das wäre so ziemlich die unsexieste und einfallsloseste Möglichkeit. Ein Monument unkreativer Hilflosigkeit, könnte man sagen. Das ist die tumbe Richtung aller rechtsreaktionären Kräfte (AfD, Front National, FPÖ und so weiter).

4. Einzelne Staaten schaffen ein supranationales, virtuelles Bündnis nach definierten Kriterien, auch mit außereuropäischen Staaten. Warum zum Beispiel nicht ein Bündnis zwischen Deutschland, Japan, den skandinavischen Ländern und den Benelux-Staaten? Oder zwischen England, Deutschland, Kanada und Schweden?

Erst einmal ist Gelassenheit der beste Rat. Warten wir, bis der mediale Geschützdonner verhallt ist. Und dann verwandeln wir die maximale Instabilität, diese historisch einmalige Gelegenheit, mit Zuversicht und Kreativität in eine neue Zukunft für Europa.

Geil auf Gefühl – nur nicht bei der Arbeit

Haben Sie auch das Video des kleinen portugiesischen Jungen gesehen? Der einen französischen Fan tröstet, nach der Niederlage Frankreichs bei der EM? Goldiger kleiner Kerl. Da schlagen Mütterherzen höher. Und nicht nur die. Auch Männerherzen sind bei dieser Gelegenheit ganz groß dabei. Geht es doch um die eine tragische, wundervolle, ekstatische Sache Fußball. Bei der sind Gefühle nämlich erlaubt. Schuft, der bei einer Niederlage seines Vereins – oder der Nationalelf keinen mentalen Trauerflor trägt.

Ganz anders im Beruf. Dort gelten Gefühle oft als störend, als unprofessionell, als etwas, das in Extraseminaren „gemanagt" werden muss. Das bemühte Vehikel für Gefühle im Beruf ist – im Guten wie im Schlechten – die Frau, wieder einmal das unbekannte Wesen. Wird Gefühl zu viel, dichtet man der Frau Hysterie an. Zieht man mal wieder die Karte der „emotionalen Kompetenz", spricht man von „weiblichen Qualitäten", „weiblichem Führungsstil", whatsoever.

Schräg das eine, schräg das andere. Die Projektion von Gefühlskompetenz auf „die Frau" ist nichts anderes als der hilflose Versuch, die Tatsache des Gefühls auch im Beruf zu rationalisieren, dingfest und be"herr"schbar zu machen. Da liegt das Paradoxon schon im Wortspiel. Offiziell hat ein berufliches Umfeld immer noch emotional keimfrei und objektiv zu sein. Dass das nicht der Weisheit letzter Schluss ist, zeigt sich übrigens auch im krampfigen Phänomen der Feelgood-Manager, die mal so richtig für Stimmung sorgen sollen. Im Rahmen natürlich. Kontrollierte Offensive, wie der Kaiser so schön sagt.

Weil wir uns in der Arbeit emotional selbst kastrieren, reagieren wir unter anderem eruptiv auf jede sentimentale Gefühlsofferte, die uns das Internet präsentiert. Seien es tränenreiche Versöhnungen, die herrliche Chewbacca Mum oder eben die schlichte, rührende Umarmung eines Kindes. Endlich dürfen wir fühlen! Wie befreit man mitlacht, wie ehrlich man mitleidet, wie engagiert und stolz man sich plötzlich fühlt – je nach Charakter des soeben gelikten Facebook-Postings.

Liebe Leute: Lasst doch mal eure Feelgood-Manager, die Emotion-Management-Seminare und das gefrorene Business-Lächeln im Schrank. Seid echt! Vertrauen und Teamwork entstehen nicht von Business-Maske zu Business-Maske, sondern von Mensch zu Mensch. Mensch sein dürfen in der Arbeit, auch mit Gefühl: Dieses Selbstverständliche fordern zu müssen, sollte in unserer doch so aufgeklärten Zeit bedenklich stimmen.

New Work: Sprachlicher Kauderwelsch im Elfenbeinturm

Sprache kann verbinden. Jeder Frankreich-Tourist weiß, dass es verdammt noch mal dazugehört, Französisch zu sprechen anstatt Zeichensprache oder – Gott behüte – Englisch. Für Franzosen ist es als gránde nation selbstverständlich, dass die Welt Französisch spricht. Soviel zur Aufgabe kultureller Hegemonie-Ansprüche im frühen 21. Jahrhundert.

Sprache kann allerdings auch trennen. Wenn der Frankreich-Tourist daheim nicht fleißig war und sein Baguette mit zwei Fingern auf Finnisch bestellt, kann der durchschnittliche Garcon schonmal unkontrolliertes Augenzucken bekommen. Dabei geht es mir gar nicht um Frankreich, mon dieu! Die Franzosen sind allerliebst, nennen ein wunderschönes Land ihr Eigen, haben allerdings mit Le Pen die Pest am Hals. Aber das ist ein anderes Thema.

Manchmal braucht es gar keine unterschiedlichen Nationalsprachen, um sich nicht zu verstehen. Wenn ein Japaner kein Englisch spricht und der Engländer kein Japanisch, sind die Probleme offensichtlich. Verzwickt wird es, wenn sich gesellschaftliche Gruppen sprachlich abschotten, ihre eigenen sprachlichen Codes entwickeln und sich dadurch in eine sprachliche Parallelwelt begeben, in die man ihnen nicht folgen kann bzw. folgen soll. Man kennt das aus der Seefahrt, dem Jagdwesen oder auch der Finanzbranche. Dort werden „Positionen geshorted", wenn es tatsächlich darum geht, auf fallende Aktienkurse zu wetten. Oder man muss ein „Disagio" zahlen. „Gebühr" wäre genauso treffend, aber wer will in der Finanzbranche als Dienstleister schon verstanden werden? Wer als Kunde nicht versteht, kann nicht beurteilen und wird dem betuchten Finanzmann eventuell einfach so seine Kohle rüberschieben. Man will schließlich nicht als Dummkopf dastehen. Und so akzeptieren wir unverständlichen Kauderwelsch bei Medizinern, Jägern, BWLern, Ingenieuren und so weiter.

Nun ist wenig dagegen zu sagen, wenn Ingenieure oder Mediziner untereinander ihre Fachsprache verwenden. Man versteht sich durch den fachlichen Hintergrund und kann auf hohem Niveau diskutieren. Knifflig wird es, wenn sich solche Gruppen dem Durchschnittsmenschen, dem Kunden oder dem Patienten gegenüber verständlich machen sollen. Da versteht Otto Normalmensch oft nur Bahnhof. So geht ein wichtiger Aspekt der Kommunikation flöten. Dialog besteht eben nicht nur aus Sagen, sondern aus Hören, Interpretieren und Verstehen. Stockt der kommunikative Prozess auf einer Stufe, stockt der Dialog und damit der geistige Austausch. Insofern schießen sich Ghettogruppen wie Mediziner oder Jäger ins eigene Knie, wenn sie sich in die Burg ihrer Fachsprache zurückziehen. Und das ist schade, denn man kann und will ja durchaus lernen von den Fachleuten.

Liest man Artikel und Forenbeiträge zu New Work, drängt sich einem der Eindruck auf, dass auch hier eine Ghettoisierung der Sprache droht. Der Moderator wird zum „Facilitator", Teams werden zu „Circles" und Projektmeetings zu „Sprints". Berater und Consultants nennen sich nicht mehr so, sondern sind „Evangelisten", „lernende Irritatoren" oder gar „systemische Videoberater". Bei aller Liebe zu sprachlicher Extravaganz: Dass manche Angehörige „normaler" Unternehmen hier aussteigen und sich fragen, bei welcher Truppe sie wohl gelandet sind, kann ich durchaus nachvollziehen. Und diese sprachliche Ghettoisierung ist sehr schade, denn New Work hat inhaltlich viel zu erzählen und zu geben. Sich da die Eintrittskarte durch blumige und irritierende Begriffswolken selbst zu entziehen, ist nicht klug.

Wenn etwas grundsätzlich Neues beschrieben werden soll, haben auch neue Begriffe ihre Berechtigung. Allerdings sollte man die Übersetzungsleistung gleich mitliefern. Hier sind auch die New Worker in einer Bringschuld. Begeisterung ersetzt nicht die verständliche Kommunikation. In diesem Sinne sollte man sprachliche Ghettoisierung vermeiden und, wo immer möglich, alltagstaugliche Begriffe verwenden. Ohne Verständnis keine Diskussion über die

Zukunft der Arbeit. Ohne Diskussion keine Überzeugung. Ohne Überzeugung kein kraftvoller Beginn. Sprach der Evangelist.

Wie der SPIEGEL eine Lanze für reaktionäres Hierarchiedenken bricht

Der SPIEGEL bricht (mal wieder) eine Lanze für einsame Wölfe und traditionelles Hierarchie-Denken. In Person von Klaus Werle findet sich dort ein Artikel, der Teamentscheidungen als „Quatsch" tituliert und Führungskräften subtil von Personalmagazinen abrät und eher die gepflegte Literatur von „Conny"-Jugendheften empfiehlt (nicht meine Pointe, lesen Sie nach!).

Werle demonstriert ein tatsächlich vorhandenes Problem, investiert jedoch kein Nachdenken in neue Lösungswege und nimmt lieber gleich die populistische Abkürzung: Teams könnten keine vernünftigen eigenen Entscheidungen treffen, weil sich Mitarbeiter, einmal konfrontiert mit der Möglichkeit dieser Machtausübung, in intrigante, egoistische Subjekte verwandeln würden (eine Projektion des Autors selbst?). In der Folge würde ein Team sozial implodieren und die Führungskraft müsste schließlich doch zurück zur einsamen Entscheidung. Die Welt von Werle ist wieder in Ordnung.

Einen solchen Artikel kann man nur schreiben, wenn einem gewisse Dinge abgehen: Vorstellungsvermögen etwa, ein positives Menschenbild oder das Wissen über heutige, komplexe Arbeitsabläufe. Wo diese Einsichten fehlen, reagiert zwangsläufig der Geist des Gestern. Welche Einsichten könnten den SPIEGEL also eventuell in der Zukunft bewegen, kein reaktionäres Hierarchiedenken mehr zu befördern, sondern den Geist zu weiten?

Da wäre zunächst über ein positives Menschenbild zu sprechen. Autoren wie Werle gehen anscheinend davon aus, dass sich Mitarbeiter in egomanische Furien verwandeln, wenn Kompetenz und Verantwortlichkeit verteilt wird. Selbstverständlich kommt das auch vor, aber häufig im Kontext des heutigen beruflichen Rattenrennens und einer gewissen Karrieregeilheit, die von Unternehmen durchaus gefördert wird. Du willst mehr Geld und Status? Dann unterwirf dich den Zwängen der Hierarchie, fahr' die Ellenbogen aus, let's get ready to rumble! Wir haben es in der Wirtschaft mit pervertierten Belohnungs- und Bestrafungssystemen zu tun, die Egomanie und Skrupellosigkeit (und damit das von Werle angesprochene Verhalten) nicht nur nicht sanktionieren, sondern aktiv fördern.

Demokratische Entscheidungen bedeuten nicht, dass alle durcheinanderplappern, genauso wenig wie beispielsweise ein kreativer Prozess nur aus Brainstorming besteht. Selbstverständlich braucht ein Entscheidungsprozess im Team Regeln und Strukturen. Dafür gibt es auch genügend Modelle wie die Soziokratie oder den Konsultativen Einzelentscheid; die Liste ist lang. Eine pfiffige Führungskraft würde also nicht „Conny" lesen, sondern Literatur zu entsprechenden Entscheidungsmodellen, New Work und neuer Arbeitskultur. Daher ist Werles Argumentation zumindest unredlich, da man von einem Autor des „manager magazins" erwarten kann, dass er nicht nur traditionelle Managementmodelle kennt und beurteilen kann, sondern sich auch über neue Ansätze auf dem Laufenden hält.

Eine Führungskraft, die glaubt, alles allein entscheiden zu können und zu müssen, leidet entweder an Größenwahn, Realitätsverweigerung oder Burnout. Schnelligkeit und die Notwendigkeit zur operativen Improvisation erzwingen geradezu eine Entscheidungskompetenz des Teams. Im Idealfall muss ein Team auch ohne Führungskraft funktionieren. Erst dann kann man von guter Führung sprechen. Ja, Sie haben richtig gelesen: Eine gute Führungskraft macht sich mit der Zeit überflüssig. Das ist genau das Gegenteil einsamer Entscheidungen. In diesem Szenario wird eine Führungskraft zu einem Motor der (strukturierten) Demokratisierung von Entscheidungen in ihrem Team. Denn an diesem Punkt hört die Arbeit ja nicht auf und die Führungskraft kann nach Hause gehen. Im Gegenteil. Erst jetzt wird es für echte Führungskräfte interessant, denn nun hat man Luft für Visionen, Strategien, echte Verbesserungen. Und dafür kann und sollte man ruhig in demokratische Entscheidungsprozesse als entsprechende Vorstufe investieren.

Der feuchte Traum eines jeden Beraters

Stellen Sie sich vor, es klingelt an Ihrer Haustür und jemand will Sie als Berater engagieren. Ist doch schön. Noch schöner, wenn Sie tatsächlich Berater sind (muss ja nicht zwingend der Fall sein). Und am schönsten ist es, wenn Sie dafür 300 Millionen Euro in die Hand gedrückt bekommen. Soviel nämlich will Frau von der Leyen, die Ministerin mit der Haartracht aus Stahl, externen Beratern für die Reform der Bundeswehr zahlen, genauer: für die Überprüfung von Rüstungsvorhaben und die Neuorganisierung von Rüstungsgütern. Insgesamt, so schreibt die ZEIT, handele es sich „um den wohl größten Beraterauftrag in der Geschichte der Bundesrepublik". Der feuchte Traum eines jeden Beraters.

Jedoch: Wir wollen mal dahingestellt lassen, ob die 300 Millionen Euro zu viel des Guten sind. Auch für die Beratung gilt: Qualität hat ihren Preis. Nicht alles, was teuer ist im Beratungsmarkt, muss überteuert sein. Solange man sein Gewissen nicht an der Garderobe abgibt und ehrlich sagen kann: „Ich tue mein Bestes zum Wohle des Kunden", darf man mir auch gerne hohe Honorare zahlen. Das Anstößige ist daher nicht der Preis – auch wenn 300 Millionen ein Menge Steine sind.

Wenn die 300 Mio. kein Problem sind, warum regt sich der Väth dann so auf? Ich sage es Ihnen: Es gibt „frische" Aufträge und es gibt „verdorbene" Aufträge. Der Bundeswehr-Auftrag ist letzteres. Er ist der klassische Fall, für den Berater gehasst werden: Der Auftraggeber holt den Berater, um die eigene Organisation zu entmündigen. Ein Todesstoß für die Moral und eine Bankrotterklärung für das Management (womit wir wieder bei Lady Helmchen wären). Es werde, so die ZEIT, „eine Nebenorganisation zu jener Behörde aufgebaut, die eigentlich für Rüstungsbeschaffung zuständig ist: das Bundesamt für Ausrüstung, Informationstechnik und Nutzung in Koblenz. Die Behörde mit 9.000 Beschäftigten solle entmachtet werden [..]."

Um es klar zu sagen: Eine Organisation, die ihre Aufgaben nicht mit hinreichenden eigenen Kräften erledigen kann, hat ihr Existenzrecht verwirkt. „Hinreichend" bedeutet, dass für Spezialfälle (zum Beispiel Change- oder New Work – Projekte) punktuell Berater ins Haus geholt werden können. Aber die leisten Hilfe zur Selbsthilfe und verflüchtigen sich nach einer definierten Zeitspanne. Ein Vorhaben wie die Errichtung einer „Berater-Schattenorganisation", die die Bundeswehr jetzt anscheinend vorhat, erfüllt diese Bedingung in keiner Weise.

New Work als Philosophie folgt eher dem Coaching- als dem klassischen Beratungsansatz. Ein klassischer Berater bezeichnete ein Beratertreffen einmal scherzhaft als einen „temporären Club von Besserwissern". Man lächelt, aber in jeder Ironie stecken bekanntlich 50 % Wahrheit. Der klassische Berater gießt seine Weisheit gnädig über seine Kunden aus.

New Work geht dagegen von den Selbstkorrektur- und den Selbstheilungskräften der Organisation aus. Jede Analyse, jede Kommunikation, jede Intervention muss alle drei Ebenen einer Organisation im Blick behalten: Kultur, Verhalten, Struktur. Auf irgendeine Weise macht es für die Organisation Sinn, wenn Mitarbeiter Prozesse über den Haufen werfen. Auf irgendeine Weise macht es für die Organisation Sinn, wenn die Stimmung im Keller und die Fluktuation hoch ist. Dann braucht der New Work – Berater keine BCG-Matrix, sondern muss Zusammenhänge erkennen, zwischen den Zeilen lesen und abwägen, was man der Organisation zumuten kann – und was nicht. Kettensäge ist nicht angesagt.

Liebe Frau von der Leyen: Ich wäre entzückt, für Sie die Bundeswehr zu reformieren. Ganz ehrlich. Ich verspreche keine Wunder. Aber ich nehme Ihre Leute ernst und wecke die Kompetenz- und Selbstkorrekturkräfte in Ihrem Haus. Ich finde Ideen und Chancen da, wo andere meist nur Probleme sehen. Und das für garantiert weniger als 300 Millionen – aber nicht für viel weniger.

Über Fußball, Frauen und andere nichttriviale Systeme

Sind Sie Fußball-Fan? Ich eher nicht, jedenfalls nicht immer. WM oder EM interessieren mich, aber das war's auch schon. Und damit bin ich in guter Gesellschaft. Die meisten entdecken ihr Herz für den Fußball, wenn wieder einmal eine EM oder WM stattfindet. Ein Passant, sozusagen. Wie eine Liebe in Budapest: schnell entfacht, voller Leidenschaft, aber auch schnell wieder vorbei. Ah, die Ungarinnen!

Fußball, um beim unamourösen Thema zu bleiben, ist das perfekte Beispiel für ein nichttriviales System und somit für die Wirkprinzipien von New Work. New Work postuliert nämlich gerade, dass wir in der Wirtschaft und anderswo nicht mehr in einfachen, linearen Ursache-Wirkungsketten denken und handeln dürfen, sondern die Nichtlinearität, das Komplexe, das VUCA-hafte berücksichtigen müssen. Die Welt sei nun mal volatile, uncertain, complex und ambiguous – in Bewegung, unsicher, komplex und vielschichtig. (Übrigens wieder eine Parallele zu den Ungarinnen, aber das nur am Rande.)

Jeder gute Trainer, jeder Spieler und jeder Zuschauer kennt oder zumindest ahnt die Merkmale des faszinierenden Spiels Fußball, das es zu einem Paradebeispiel für New Work macht: Geradlinig-kausale Modelle werden durch Konzepte des Netzwerks und der Rückkopplung ersetzt (Stichwort „Zirkuläre Kausalität"): Die Mannschaftsaufstellung beeinflusst das eigene Spiel => beeinflusst das gegnerische Spiel => führt eventuell zu veränderter Aufstellung => ...

Kleine Ursachen können über nonlineare Beziehungen große Wirkungen entfalten (Stichwort „Chaostheorie"): eine Rasenunebenheit sorgt dafür, dass sich der Stürmerstar in der 19. Minute den Fuß vertritt; das wird aber erst zum Problem, als ihn in der 70.

Minute der Gegner umsäbelt; der Star fällt aus, die Mannschaft verliert.

Die Vorstellung großformatiger Planung und Kontrolle muss aufgrund der Komplexität das Spiels aufgegeben werden (Stichwort „Nichttriviale Systeme"). Anstelle von Kontrolle treten Handlungs-PRINZIPIEN: Der Job eines Innenverteidigers ist intuitiv klar, auch wenn man nicht jede seiner Bewegungen über die Spielzeit vorschreiben kann.

Biologisch, psychische und soziale Systeme sind nicht statisch, sondern organisieren sich fortwährend in einem dynamischen Prozess der Selbsterhaltung (Stichwort „Autopoiese"). Eine Fußballmannschaft beispielsweise schaltet von Abwehr auf Angriff um, betreibt Raum- oder Manndeckung oder versucht Tore zu schießen, ohne explizit dazu aufgefordert zu werden.

Schließlich wird das Prinzip der „objektiven Wahrheit" zugunsten eines subjektiven Erkenntnisbegriffs aufgegeben (Stichwort „radikaler Konstruktivismus" / „sozialer Konstruktionismus". Deshalb ist für den Trainer das Unentschieden eine „passable Leistung", während es für den Fan eine „bockschlechte Vorstellung" war. Beide sprechen über das gleiche Ereignis, interpretieren es jedoch unterschiedlich.

Auch ein Unternehmen ist ein nichttriviales System, genau wie Fußball und (ungarische) Frauen. Daher sollten Unternehmen bestimmte systemtheoretische Prinzipien entwickeln, die das Überleben in einer VUCA-Welt erleichtern.

Zirkuläre Kausalität: Es sollten transparente, kurzfristige Feedback-Systeme eingeführt werden, um dynamische Rückkopplungen, Erfolg und Misserfolg baldmöglichst zu erkennen. Das können agile Projektmanagement-Methoden sein, aber auch informative, vielleicht sogar unterhaltsame All-hands-Mails über Projektstände, gewonnene Neukunden etc. Oder man wirft das jährliche Mitarbeitergespräch über den Haufen und trifft sich auf eher informeller Basis alle vier Wochen, um das Wichtige zu besprechen. Der Kreativität sind hier keine Grenzen gesetzt.

Kleine Ursache, große Wirkung: Unternehmen sollten die „Arroganz der Größe" abbauen. Wir tendieren dazu, das Große für wichtig zu halten: hoher Umsatz, große Fabriken, hohes Gehalt. Aber es sind auch die kleinen Dinge, die wichtig werden können. Am besten hält man sich an das japanische Sprichwort: „Behandle große Dinge so, als wären sie klein – und kleine Dinge, als wären sie groß."

Prinzipien statt Regeln: Detailregeln ersticken den Unternehmensalltag, schaffen eine Misstrauenskultur, sorgen für Denkfaulheit und sind sowieso nicht zu kontrollieren. Schaffen Sie daher Regeln ab und ersetzen Sie diese durch Prinzipien. Ein Prinzip weist in die Richtige Richtung, lässt aber noch Handlungsspielraum und die Verantwortung beim Handelnden. Diese Philosophie erfordert natürlich eine Vertrauenskultur.

Autopoiese: Fragen Sie, welche „ungeschriebenen Gesetze", Prozesse und Verfahren Ihren Laden wirklich am Laufen halten. Das müssen nämlich nicht die auf dem Papier sein. Ein Unternehmen als nichttriviales System schafft sich manchmal seine eigenen Prozesse und Dynamiken. Übrigens geht es hier nicht um Moral oder Ethik. Sondern um das, was funktioniert. Ein System verstärkt das, was funktioniert und das Überleben sichert – und nicht, was im Leitbild steht.

Konstruktivismus: Objektivität ist – genau wie Kontrolle – letztlich eine Illusion. Selbst angeblich objektive Zahlen unterliegen einer Interpretation. Analysten, Banker und Buchhalter wissen, wie man eine „kreative Buchhaltung" mit den ach so objektiven Zahlen führt. Führen Sie daher Instrumente ein, mit denen man sich über die Wirklichkeit abstimmt. Das fängt bei konstruktiver (!) Gesprächsführung an und hört bei innovativen Entscheidungsinstrumenten noch nicht auf. Wirklichkeit ist nunmal das, wofür wir sie halten.

Machen Sie sich mit der VUCA-Welt und den systemischen Prinzipien vertraut. Dann haben Sie mehr Durchblick beim Fußball

und mehr Erfolg in einer wirtschaftlich dynamischen und komple-
xen Welt. Und vielleicht auch bei ungarischen Frauen.

Bullshitjobs und die Frage nach dem beruflichen Sinn

Der Publizist (und Professor für Anthropologie) David Graeber hat wieder eine interessante Debatte losgetreten. Nach seinem Bestseller *Schulden: Die ersten 5.000 Jahre*, in welchem er sich mit der Evolution des Geldsystems befasst, knöpft er sich diesmal sinnlose, künstlich spezialisierte bzw. unproduktive Berufe vor: Bullshitjobs eben. Menschen wie Investmentbanker oder Immobilienmakler seien die „Hofnarren des Kapitalismus". Ihre Tätigkeiten seien im Grunde unsinnig, künstlich und dienten der Gesellschaft in keiner Weise. Die ZEIT greift das Thema auf:

„Damals, kurz nach dem Abitur, da lockte die Zukunft mit Bedeutsamkeit. Wir wollten Arzt werden, Lehrer, Anwalt. Dann schrieben wir uns für das Studium ein, landeten irgendwann im Master für Kultur- und Eventmanagement, Auditing and Taxation oder Advanced Safety Sciences. Und jetzt? Arbeiten wir als Fachreferent für medizinisches Versorgungswesen, als Regionalkoordinator im Bildungsmarketing, als Senior Legal Advisor in einer Unternehmensberatung. Tätigkeitstitel, die klingen, als sollten sie etwas kaschieren."

Ich danke David Graeber für diesen Begriff. Er beschreibt ein Phänomen, unter dem viele meiner Klienten leiden: der Sinnlosigkeit ihres beruflichen Tuns. Denn Menschen möchten Sinnvolles tun, ihrem Leben ein Gefüge geben, wie es schon der große Viktor Frankl erkannte. Bullshitjobs sorgen für das Gegenteil: Mag der Titel noch so aufgeblasen und auf Englisch sein, kann man den menschlichen Instinkt nicht betrügen. In diesem Sinne hat eine Lidl-Kassiererin einen gefühlt höherwertigeren Job als ein „Event- & PR Specialist" bei einem Konzern.

Die Debatte um beruflichen Sinn ist aktuell, wird aber teilweise nebulös geführt. Den Begriff Sinn muss man präzisieren, um mit ihm zu arbeiten, wie auch die ZEIT erkennt:

„Der Deutsche Gewerkschaftsbund (DGB) ermittelt regelmä-
ßig, als wie sinnvoll Arbeitnehmer ihre Jobs empfinden. Eine nicht
ganz unerhebliche Minderheit von 35 Prozent hat demnach zwar
den Eindruck, mit ihrer Arbeit keinen oder einen unwesentlichen
Beitrag zur Gesellschaft zu leisten, also eine Tätigkeit zu verrichten,
auf die Welt eigentlich verzichten kann. Allerdings vollbringen viele
von ihnen das Kunststück, ihren Job auch ohne gesellschaftliche
Relevanz für erfüllend zu halten: Nur 14 Prozent geben an, dass sie
sich nicht oder kaum mit ihrer Arbeit identifizieren."

Beruflichen Sinn kann man sich als Resonanzmodell vorstellen: Resonanz mit dem Ich (Selbstwirksamkeit), dem Du (Soziale
Wirksamkeit) und dem Wir (Gesellschaftliche Wirksamkeit) – siehe
auch das Kapitel „Vom Sinn und Unsinn der Arbeit" in meinem
aktuellen Buch. So kann beispielsweise ein Job eine hohe Selbstwirksamkeit haben (ich kann meine Fähigkeiten sehr gut ausleben),
aber nur eine geringe gesellschaftliche Wirksamkeit (das, was ich
tue, macht für die Gesellschaft mehr oder weniger keinen Sinn). In
Graebers Theorie würde diese Konstellation dem erfolgreichen
Investmentbanker entsprechen.

Der Artikel stellt eine weitere Gretchenfrage moderner Arbeitsgestaltung: Wenn wir so viel Wert auf Sinn in der Arbeit legen,
warum halten wir dann offensichtlich aufgeblasene Jobs, künstlich
hochgezüchtete Ausbildungen (allein in Deutschland gibt es 18.000
verschiedene Studiengänge!) und unsinnige Tätigkeiten am Leben?

„Warum bezahlt eine Ökonomie Tätigkeiten, die sie nicht
braucht? Hier wird Graebers Aufsatz eigentlich erst interessant.
Seine Antwort: um sich Loyalität zu erkaufen. Die größten Arbeits-
surrogate sind die, die eine Identifikation mit den Reichen und
Mächtigen befördern. Es sind die Jobs der Unternehmensberater,
der Fachanwälte für Gesellschaftsrecht, der Marketingspezialisten,
der promovierten Finanzjongleure. [..] Je sinnvoller hingegen eine
Tätigkeit für die Gesellschaft ist, so Graebers paradoxe Beobach-
tung, desto schlechter wird sie bezahlt. Je überflüssiger der Job,
desto üppiger das Gehalt."

Wenn wir ernst machen wollen mit New Work, müssen wir das Problem der beruflichen Sinnfindung und das Phänomen der Bullshitjobs von zwei Seiten anpacken. Erstens sollten wir für die Gesellschaft sinnlose Berufe in Frage stellen. Dafür brauchen wir vernünftige Kriterien der Sinnhaftigkeit: Soll ein Job unmittelbar etwas produzieren? Soll er direkt ein Bedürfnis befriedigen? Soll er im Rahmen einer Dienstleistung direkt am Menschen arbeiten? Eine solche Diskussion wäre wahrlich interessant. Zweitens müssen wir dafür sorgen, dass heute arbeitende Menschen von ihrer Arbeit leben können. Der Mindestlohn war hierfür schon ein Schritt in die richtige Richtung. Eine Gesellschaft, die die Arbeit in den Mittelpunkt stellt und die Arbeitenden gleichzeitig millionenfach in prekäre Arbeits- und Lebensbedingungen schickt, wird diese Spaltung nicht lange durchhalten.

Motivation ist egal – Bedürfnisse sind wichtig

Letztes Wochenende war ich auf einem grandiosen Wevent des Netzwerks intrinsify, das sich intensiv mit der Zukunft der Arbeit, New Work und neuen Organisationsformen auseinandersetzt. Für Leute wie mich ist das wie zwei Tafeln Schokolade, wenn man sonst nur trocken Brot bekommt. Man ist unter Gleichgesinnten, unter Profis, die am selben Strang ziehen. Man muss sich nicht rechtfertigen für das innovative Denken, das einen selbst begeistert und man kann fachlich hochwertige Diskussionen führen, weil man schon auf einem gewissen Kompetenz-Level einsteigt. Dazu zwei Tage Sonnenschein und viele gute Gespräch beim Kaffee. Dazu Barbecue und eine Partynacht. Herz, was willst du mehr?

Für mich steht ein solches wevent exemplarisch für die vier Grundbedürfnisse, die jeder arbeitende Mensch hat: Sicherheit, Zugehörigkeit, Selbstwirksamkeit und Transzendenz:

Sicherheit bedeutet hier eigentlich physische und psychische Sicherheit. Nachdem wir jedoch in einem reichen Land und in Frieden leben, geht es in den meisten Jobs eher um psychische Sicherheit: eine sichere Anstellung zum Beispiel oder dass der Chef einen nicht demütigt. Für mich bestand die psychische Sicherheit beim wevent darin, mir zu bestätigen, dass ich mit meinen Ideen doch kein Verrückter bin. Sondern, dass es in der Tat viele Menschen gibt, die mittlerweile auch so denken wie ich.

Zugehörigkeit ist selbsterklärend. Wir alle wollen Teil einer Gruppe sein, haben eine Urangst vor Trennung und Einsamkeit. Dabei gibt es natürlich unterschiedliche Charaktere: Die einen sind eher die Einsamen Reiter, die anderen brauchen jeden Tag Kaffeeküche und Großraumbüro. Auch wie ich mit Ablehnung oder Akzeptanz umgehe, ist entscheidend für mein Wohlbefinden. Bin ich eher ein extern Attribuierender („Das war doch nur Glück!") oder ein intern Attribuierender („Ich hab's gewusst, ich vermassel' sowas immer!"). Das Open Space-Format des wevents und die zwanglose

Kaffee-Atmosphäre haben mein Bedürfnis nach lockerer Zugehörigkeit voll erfüllt

Selbstwirksamkeit oder auch Leistung beschreibt, wie wir unsere Fähigkeiten in die berufliche Tat umsetzen können. Es ist für uns wichtig, eine gewisse Kontrolle über unser Leben und unseren Job zu haben. Dazu gehört auch die Überzeugung, dass wir im Großen und Ganzen der beruflichen Herausforderung gewachsen sind. Wenn, dann sollten wir die Komfortzone in Richtung Lernzone verlassen und nicht gleich in die Panikzone wechseln müssen. Anstrengung und Lerneffekt: ja, bitte. Verwirrung und Ohnmacht: nein, danke. Ich selbst habe mich noch am Morgen des ersten Tages entschlossen, eine eigene Session anzubieten – ohne zu wissen, ob das Thema überhaupt jemanden interessiert und ob jemand kommt. Das war meine eigene Lernzone.

Transzendenz beschreibt den Sinn, den ich in meiner Tätigkeit erkenne. Zu welch höherem Zweck tue ich das? Ist ein höherer Zweck für mich notwendig oder bin ich eher ein „Söldner"? Beides ist möglich. Wir können nicht alle bei Greenpeace die Welt retten. Aber wir können über den Beruf hinaus unseren Platz in der Welt suchen und finden. Dabei können uns institutionalisierte oder individuelle Glaubenssysteme helfen und eine gewisse spirituelle Verankerung sicherstellen. Ich persönlich glaube, dass wir eine bessere Arbeitswelt möglich machen können, in der Menschen ihre Fähigkeiten ausleben und Organisationen sich optimal an die neuen Bedingungen anpassen können. Von daher war der event für mich voll auf „Transzendenz-Welle".

Die vier Bedürfnisse Sicherheit, Zugehörigkeit, Selbstwirksamkeit und Transzendenz erklären nicht, was Menschen *wollen*. Sie erklären, was Menschen *brauchen*. Bedürfnisse siegen über oberflächliche Motivationen. Immer. Deshalb scheitern individuelle Trainings oder Change-Programme so häufig: weil sie sich mit Motivation beschäftigen und nicht mit Bedürfnissen. Doch die Unterströmungen einer Persönlichkeit, eines Teams oder einer ganzen Organisation sind zu stark, als dass man sie mit reinen Appellen an Kultur oder Moral erreichen könnte.

Deshalb müssen wir für echte Veränderungsarbeit herausbekommen, wessen eine Person, ein Team oder eine Organisation bedarf. Was sind die Befürchtungen, die Hoffnungen, die ungeschriebenen Gesetze, die Programmierungen? Was ist beispielsweise das *Bedürfnisprofil* eines Teams? Diese Teamerkenntnis muss vor der Veränderung kommen, da sonst sinnlose Widerstände (die ich von sinnvollen Widerständen trenne) die Veränderung torpedieren und scheitern lassen können.

Ich persönlich habe hohe Werte auf den Skalen Selbstwirksamkeit und Transzendenz, dafür niedrige bei Sicherheit und Zugehörigkeit. Wie würde ich wohl mit Menschen zusammenarbeiten, die ein permanent hohes Gesprächsbedürfnis haben? Oder wenn meine neuen Ideen ständig von Sicherheitsfanatikern unterhöhlt würden? Es würde beide Seiten frustrieren. Aber ich kann lernen, damit umzugehen, wenn ich weiß, wie Bedürfnisse funktionieren und dass mein Kollege mit seinen Bedürfnissen auch das Beste für das Team will.

Für Hochleistungsteams führt darum kein Weg an der Klärung der eigenen und der fremden Bedürfnisse vorbei. Damit man weiß, wie der andere tickt und wie man am besten darauf reagiert. So spart man sich Reibungsverluste und erhöht die Freude an der Arbeit. Denn die unterschiedlichen Bedürfnisse im Team sind immer eine Chance, am anderen zu wachsen und seinen Blickwinkel einzunehmen. So wird Teamarbeit zu einem Instrument der persönlichen Reife – ganz im Sinne des New Work.

Es wird Zeit für einen „New Work Deal" mit der Politik

Vorgestern habe ich ein Interview mit Bodo Janssen gelesen, dem Chef des Hotelunternehmens Upstalsboom. Janssen und seine Führungsriege bekamen vor einigen Jahren Werte einer Mitarbeiterumfrage um die Ohren gehauen, die sich gewaschen hatten. Von fehlendem Vertrauen war die Rede, von „null Karrieremöglichkeiten" und anderen Missständen. Janssen reagierte anders als andere Chefs: Er machte die Ergebnisse öffentlich, nahm sich selbst eine Auszeit, reflektierte die Situation und setzte schließlich für die komplette Belegschaft einschließlich der Führungscrew und ihm ein Programm nach New Work – Maßstäben auf, in dem „seine Angestellten herausfinden sollten, was sie wirklich glücklich in ihrem Job macht. Und er versprach, dass das Unternehmen jeden im Rahmen der Möglichkeiten dabei unterstützen würde. So durfte sich etwa ein Zimmermädchen seinen lang gehegten Traum verwirklichen, in die Rezeption zu wechseln, ein Koch ins Controlling."

Die Geschichte nahm ein gutes Ende. Das Unternehmen reifte, ist immer noch erfolgreich und Bodo Janssen wurde zu einer Art Star der New Work – Szene (inklusive Buch und Film). Spannend an dieser Begebenheit – und an vielen anderen New Work – Erfolgsstories – finde ich, wer darin überhaupt nicht vorkommt: die Politik.

Die Stille in der Politik zu New Work ist ohrenbetäubend. Vielleicht weil man mit dem Thema noch nichts anzufangen weiß, vielleicht, weil man dessen Bedeutung unterschätzt, vielleicht, weil man nur einzelne Bruchstücke aus dem Zusammenhang reißt (wie die Diskussion um ein Grundeinkommen). Tatsächlich versäumt hier die Politik ihre „Aufsichtspflicht über die Zukunft". Normalerweise haben gute Politiker einen Riecher für Themen, die die Bevölkerung umtreiben. Aber eventuell hat der Gestank des Populismus ihre Nasen für die feineren Themen-Gerüche abseits der Flüchtlingsfrage unempfindlich gemacht. Das ist nicht nur schade, sondern besorgniserregend. Rente, demographischer Wandel, Minijobs, die Schere zwischen Reich und Arm: all das sind Themen, die nach neuen Ideen, niveauvoller (!) Diskussion und dem Willen zur Lösung geradezu schreien.

1933 schufen die USA unter ihrem Präsidenten Roosevelt den New Deal. Der New Deal war laut Wikipedia „eine Serie von Wirtschafts- und Sozialreformen, die in den Jahren 1933 bis 1938 unter US-Präsident Franklin Delano Roosevelt als Antwort auf die Weltwirtschaftskrise durchgesetzt wurden. Er stellt einen großen Umbruch in der Wirtschafts-, Sozial- und Politikgeschichte der Vereinigten Staaten dar. Die zahlreichen Maßnahmen wurden von Historikern unterteilt in solche, die kurzfristig die Not lindern sollten (englisch *relief* ‚Erleichterung‘), in Maßnahmen, welche die Wirtschaft beleben sollten (*recovery* ‚Erholung‘), und in langfristige Maßnahmen (*reform* ‚Reform‘). Unter *relief* fielen die Hilfen für die zahlreichen Arbeitslosen und Armen, unter *recovery* unter anderem die Änderung der Geldpolitik und unter *reform* zum Beispiel die Regulierung der Finanzmärkte und die Einführung von Sozialversicherungen.“

Die weltwirtschaftliche, technologische und soziale Situation war natürlich eine völlig andere als heute, aber die Notwendigkeit für eine grundsätzlich neue Positionsbestimmung der Politik gegenüber der Wirtschaft ist momentan ebenso drängend. Daher wird es meiner Meinung nach Zeit für einen neuen New Deal, abgestimmt auf die Bedingungen der Arbeitswelt. eben einen New Work Deal. Dieser New Work Deal leitet sich aus den drei dominanten Strömungen einer globalisierten Weltwirtschaft ab:

1. Der Kapitalismus stellt sich durch immer neue Exzesse selbst in Frage. Das Wesen des Kapitalismus ist die Erzeugung von Profit. Das soll auch so bleiben; der Kommunismus war und ist keine Alternative. Aber müssen Skandale wie bei VW, Deutscher Bank, die Panama Papers und so weiter wirklich sein? Man könnte die Erschaffung eines maßvollen Kapitalismus auch mit der Zäh-

mung eines Tigers vergleichen. Der Tiger bleibt im Charakter ein Tiger, kann aber lernen, bestimmten Regeln zu folgen.

2. Die Schere zwischen Produktivität und Arbeitskraft öffnet sich seit etwa 15 Jahren immer mehr. Wir steuern auf eine Arbeitswelt zu, in der immer weniger Menschen immer mehr Produktivität erzeugen. Das heißt, im klassischen Lohnarbeitssystem werden immer weniger Menschen ihr Geld verdienen können. Was machen wir aus all diesen Menschen? MiniJobber? Arbeitslose? Wie verteilen wir den von Maschinen erschaffenen Reichtum?

3. Die Schere zwischen Arm und Reich öffnet sich immer mehr. In Deutschland besitzt das reichste Prozent der Bevölkerung etwa ein Drittel der Vermögenswerte. Bildungschancen sind in fast keinem anderen OECD-Land so abhängig von der Herkunft und dem Familienstatus wie bei uns. Unser Ausbildungssystem ist starr, zertifikatshörig und dabei mit 18.000 Studiengängen gleichzeitig heillos überfrachtet.

Auch wenn ich nicht mit den Feinheiten des politischen Betriebs in Berlin vertraut bin, wage ich doch die Prognose, dass die Arbeitspolitik in Zukunft ein wichtiges Spielfeld und ein Rangelplatz der politischen Prominenz (und der der Hinterbänkler) bleibt. Darum möchte ich den folgend einige Impulse für die politische Arbeit skizzieren:

1. Wir müssen die juristischen Rahmenbedingungen von Arbeit modernisieren. Eine Mammutaufgabe, ich weiß. Und nicht gerade sexy. Betriebsverfassungsgesetz, Arbeitsschutzgesetz und so weiter sind ncht unbedingt Begriffe, die das Blut in Wallung bringen. Schlimmer wäre es jedoch, vor „dem Markt" zu kapitulieren und und die Zügel schießen zu lassen. Dafür brauchen wir übrigens auch eine Ende des Freund-Feind-Denkens, von „Arbeitgebern" und „Arbeitnehmern" und so weiter. In der Neuzeit der Arbeit gibt es „keine linke oder rechte Wirtschaftspolitik, sondern nur moderne und unmoderne" (Gerhard Schröder).

2. Wir sollten Familien- und Bürgerarbeit finanziell besser anerkennen. Gerade in der Flüchtlingskrise hat sich gezeigt, dass ein

Staat ohne Einsatz ehrenamtlicher Helfer und eines ausgeprägten Bürgersinns kollabieren kann. Der Soziologe Ulrich Beck hat bereits vor zehn Jahren eine Gleichgewichtung von normalem Job, Familienarbeit und ehrenamtlicher Tätigkeit vorausgesehen. Voraussetzung hierfür wäre eine gesellschaftliche Aufwertung der Familien- und Bürger-Arbeit (wie es in den linksliberalen Feuilletons der Republik bereits diskutiert wird).

3. Wir müssen über ein (bedingungsloses) Grundeinkommen sprechen. Mittelfristig wird an einem Grundeinkommen kein Weg vorbeiführen. Und zwar nicht nur aus ethischen, sondern aus wirtschaftlichen Gründen (siehe obigen Punkt 2 des New Work Deal). Wenn es zum prognostizierten „Produktivkraftschub" durch Automation und Digitalisierung kommt, werden wir die Begriffe „Arbeit" und „Arbeitsplatz" trennen und neu definieren müssen. Doch nur so wird sich der gesellschaftliche Frieden bewahren lassen.

Diese drei Denkfehler reißen die Commerzbank in den Abgrund

Nun also die Commerzbank. Von 51.000 Mitarbeitern sollen 9.600 entlassen werden, natürlich „sozialverträglich". Soviel *political correctness* muss sein. Dass irgendwann, irgendwo 2.300 Stellen neu geschaffen werden sollen, ist dabei auch nur ein schwacher Trost. Und man fragt sich: Welcher externe Strategieberater hat da wohl CEO Zielke das Händchen gehalten? Denn aus der Mitte der Organisation dürfte ein solcher Plan schwerlich kommen. Überhaupt scheint das Kernproblem der Commerzbank neben den ungünstigen Marktbedingungen vor allem in falschen Denkmodellen und Denkfehlern zu liegen. Diese Denkfehler führen zu falschen Entscheidungen. Und falsche Entscheidungen kosten Geld.

Denkfehler 1: „Wir sparen als erstes beim Personal." Ein Unternehmen in der Krise sollte niemals als erste Maßnahme Mitarbeiter entlassen. Und zwar nicht aus Gründen der Sozialromantik, sondern aus Gründen einer rationalen Ethik – man beachte die Kombination. Die Commerzbank – und jedes andere Unternehmen, das in der Krise als erstes Leute entlässt – entlarvt damit eine gewisse kreative Armseligkeit und erklärt sich moralisch bankrott. Denn dieselben Mitarbeiter, die gestern noch „wertgeschätzt" und per Feelgood-Manager drangsaliert wurden, sprechen eben diesen Mitarbeitern die Fähigkeit ab, die Krise gemeinsam mit der Unternehmensführung zu lösen. Also: Entweder diese Mitarbeiter sind fähig; dann sollte man sie behalten. Oder sie sind unfähig; dann sollte man *die Führungskraft* entlassen, die sie eingestellt und verantwortlich für deren Entwicklung war.

Denkfehler 2: „Der Kunde muss sich nach uns richten. Und nicht umgekehrt." Wenn man der Presse Glauben schenken darf, will man die Mittelstandsbank als Teil der Commerzbank zerschlagen und die KMU-Kunden dem Privatkunden-Segment zuordnen. Hoppla, geht's noch? Ein Firmenkunde hat eine völlig andere Denke und andere Bedürfnisse als ein Privatkunde. Bei ersterem stehen Investitionen und langfristige Perspektiven im Vordergrund, bei letzteren Konsum und kurzfristige Perspektiven. Dieser Plan ist ein Zeichen dafür, dass derjenige, der ihn ausgeheckt hat, nicht weiß, wie Unternehmen bzw. Unternehmenskunden einer Bank ticken. Und schließlich spielt auch noch der Stolz eine Rolle. Ein Unternehmer, ein Macher, will doch keinen Privatkundenprospekt nach Hause bekommen, der ihn auf günstige Zinsen beim Kauf einer Waschmaschine hinweist.

Denkfehler 3: „Mitarbeiter sind Maschinen mit Nahrungsbedarf." CEO Zielke will massiv in die IT-Infrastruktur investieren. Nicht gerade kreativ, aber löblich. Mittlerweile hat sich das Thema Digitalisierung ja bis zur letzten IHK-Kaffeefahrt in Wanne-Eickel herumgesprochen. Dass im Jahr 2016 jetzt auch bei einer der führenden Banken Deutschlands (wie lange noch?) entsprechend gehandelt wird, entlockt meinem Boden der Hoffnung ein zartes Pflänzchen. Verräterisch ist auch hier aber das Ausspielen der Mitarbeiter gegenüber der Maschine. Man brauche Geld für die IT-Aufrüstung, deshalb müsse man Menschen entlassen. Anstatt sich jedoch *zusätzlich* die Weisheit der vielen Mitarbeiter zunutze zu machen und gemeinsam zu fragen, wie man diese Menschen vielleicht für innovative Aufgaben einsetzen kann, sind Mitarbeiter in den Augen der Commerzbank – genau wie bei vielen anderen Unternehmen – Maschinen mit Nahrungsbedarf: irgendwann veraltet in Motivation und Fähigkeit, austauschbar, eben ein Tauschwert. So wie Teeziegel in Timbuktu. Mitte 2007 war die Commerzbank an der Börse etwas 40 Mal soviel wert wie heute. Welch Ironie. So rächt sich der knallharte Kapitalismus an einer Bank, die sich durch Inhalieren eben jener Regeln dieses Kapitalismus gerade selbst in den Abgrund reißt.

Samsung sitzt in der Beschleunigungsfalle

Ich hatte schon viele Telefone in der Tasche, auch im Flieger, aber noch nie wurde wegen mir ein Flugzeugstart abgebrochen. Das hat erst ein Flugpassagier in den USA geschafft, dessen – bereits getauschtes – Samsung Galaxy Note 7 in der Kabine Feuer fing – woraufhin das Flugzeug geräumt werden musste. Mittlerweile ist die Samsung-Story der brennenden Akkus global bestens aufbereitet. Das Unternehmen hat den Verkauf aller Galaxy Note 7 – Smartphone gestoppt und ist mittlerweile so verzeifelt, dass es seine Kunden aufruft, ihr Galaxy Note 7 auszuschalten und nicht mehr zu benutzen. Da bleibt nur noch die Verwendung als Türstopper oder Untersetzer, zumal die Produktion nun endgültig und dauerhaft eingefroren wurde.

In dem ganzen medialen Aufbereitungsbrei darf man nicht vergessen, dass Samsung nach wie vor großartige Smartphones baut. Nur beim Note 7 haben sie anscheinend etwas überdreht und sind ein Opfer der „Größer, besser, schneller" – Philosophie geworden. Ein Bekannter, seines Zeichens Ingenieur, hatte schon früh gemutmaßt, dass der Akku schlicht zu groß sei für den dafür vorgesehenen Platz im Telefon. Ein Verdacht, der sich nun zu bestätigen scheint. Früheren Angaben der US-Verbraucherschutzbehörde zufolge könnte ein Grund für die Probleme beim ursprünglichen Note 7 gewesen sein, dass Akkus etwas zu groß für den Platz im Gehäuse geraten seien und es dadurch beim Einbau zu Kurzschlüssen in den Batterien kommen könne.

Ganz egal, welcher Grund für den Akkubrand letztlich gefunden werden wird: Wo sind die Ergebnisse der technischen Testläufe? Jeder Hersteller dreht seine Smartphones durch die Mangel und prüft sie auf Herz und Nieren, bevor sie verkauft werden. Gerade bei einem solchen Flaggschiff wie dem Note 7. Daher gibt es für mich drei Möglichkeiten: 1) Es wurde ausreichend getestet, aber kein Fehler festgestellt. 2) Es wurde ausreichend getestet und ein Fehler festgestellt. 3) Es wurde nicht ausreichend getestet.

Fall 1 wäre der „Schwarze Schwan": ein Fehler, auf den man nicht testet, weil er so ungewöhnlich oder selten ist, dass man ihn gar nicht auf dem Schirm hat. Fall 2 und 3 wiegen schwerer, haben doch beide mit mangelnder Sorgfalt und dem Sieg der Geschwindigkeit über die Qualität zu tun.

So wie ich die Samsung-Kultur kenne, legt man gerade in der koreanischen Zentrale viel Wert auf Geschwindigkeit. Der Consumer-Markt für Smartphones ist gnadenlos und die Kunden erwarten Innovationen in immer höherer Frequenz. Diese Hyper-Erwartungshaltung setzt die Konzerne unter Zugzwang, worauf diese den Druck an die Entwicklungs- und Vertriebsabteilungen weitergeben. Und irgendwo auf der Strecke dieses Hochgeschwindigkeitszuges, dieses „speed train of death", der immer schneller fährt, hat man höchstwahrscheinlich ein rotes Haltesignal übersehen. Das kann ein Memo sein, ein Messwert oder die Bedenken eines Technikers in einem Meeting, die beiseite gewischt wurden. Sowas ist menschlich – nur leider im Fall Samsung mit fatalen Folgen.

Praktisch jedes Unternehmen, das ich kenne, sitzt in diesem „Todeszug der Geschwindigkeit". Manche freiwillig, andere nicht. Zeit wird zur Falle, zum Gegner, den man besiegen muss. Man überbietet sich mit absurd kurzen Projekt-Deadlines, telefoniert hektisch Mails hinterher, die man vor fünf Minuten losgeschickt hat oder lässt Mitarbeiter minutiös ihre Tätigkeiten protokollieren. Was für ein Schwachsinn! Das Ende vom Lied sind überreizte Mitarbeiter, genervte Führungskräfte, Projekte mit zahllosen „roten Ampeln" und viele andere Ärgerlichkeiten mehr.

Deshalb müssen wir in Unternehmen das Innehalten wieder üben, das Entschleunigen. Ja, das klingt paradox und ist es auch. Viele Menschen in Unternehmen klagen, dass sie vor lauter Tun und Machen nicht mehr zum Denken kommen. In einer Gesellschaft der Wissensarbeiter ist dieser Befund nicht nur gesundheitsschädigend. Bei kritischen Produkten und Dienstleistungen wird das brandgefährlich. Wer Brücken, Sicherheitssoftware oder medi-

zinische Scans zur Tumorerkennung herstellt, braucht einen klaren
Kopf. Dafür benötigen wir weniger eine Kultur der Schnelligkeit als
eine Kultur der Sorgfalt, die Fehler dynamisch korrigieren kann –
bevor der Todeszug der Schnelligkeit das nächste rote Haltesignal
überfährt und man irgendwo wieder einen globalen Rückruf star-
tet.

Unternehmen brauchen einen Paradigmenwechsel

Diese Woche war ich auf der Zukunft Personal in Köln und habe dort einige interessante Gespräche geführt. Natürlich war New Work ein großes Thema, und auch ich hatte die Gelegenheit, einen Vortrag zu halten unter dem Motto „New Work: Chancen und Impulse für die Arbeitswelt von morgen".

Irgendwann sprach mich jemand auf meine Darstellung der „3 D" an: Digitalisierung, Demokratisierung und Dezentralisierung – meiner Meinung nach die großen Trends innerhalb der heutigen New Work – Bewegung. Er wollte wissen, was ich von der Digitalisierung hielte. Da liegt die antwortliche Überforderung schon in der Formulierung der Frage. Aber ein Aspekt war mir wichtig, und ich entgegnete: „Ich finde, die Unternehmen wollen mit der Digitalisierung oft Probleme lösen, die die Digitalisierung prinzipiell nicht lösen kann." Man sucht sein Heil in der Technik, weil sie so schön beherrschbar erscheint und die Ängste vor der unberechenbaren VUCA-Zukunft etwas mildert.

Heutige Organisationen und ihre Führungskräfte sind geprägt von altem Denken, von Maschinendenken. Funktioniert eine Maschine nicht, reparier' sie oder tausch' sie aus. Funktioniert ein Mitarbeiter nicht: Reparier' ihn oder tausch' ihn aus (Stichwort: „Coachen Sie den mal auf Linie!"). Aber Menschen sind nun mal keine Maschinen mit Nahrungsbedarf. Deshalb glauben Führungskräfte auch, mit der Einführung eines neuen Chat-Tools oder einer „Collaboration Solution" würden die Leute automatisch mehr miteinander reden. Ist aber Quatsch. Die Kultur bestimmt das Verhalten, nicht die Technik. Wenn ich vorher keinen Bock hatte, mit meinem Team-Nachbarn zu reden, weil ich den für blöd halte, mache ich das auch nicht mit dem schick designten Messenger.

Deshalb ist der Übergang von Unternehmen zu New Work und der neuen Arbeitswelt so schwer: Sie sehen den Wald vor lauter Bäumen nicht. Sie wollen neue Probleme mit alten Lösungen angehen, aber das funktioniert nicht. Neue Probleme wie Innovationszwang, Forderungen der Mitarbeiter nach Mitbestimmung oder das Erkennen neuer Kundenbedürfnisse erfordern neue Lösungen, keine alten Lösungen, keine aktionistische Digitalisierungsoffensive. *If you digitalize a shitty process, it's a digitalized shitty process.* Das muss man erstmal akzeptieren. Diesen Paradigmenwechsel schafft ein Unternehmen in der Regel nicht allein, dafür braucht es externe Begleiter, die althergebrachte Regeln und die Kultur an die Oberfläche holen, spiegeln und einen Veränderungsprozess anbieten. Erst die Kultur, dann die Technik. Dann klappt's auch mit dem Team-Nachbarn.

New Work fördert einen maßvollen Kapitalismus

Beginnend heute, möchte ich in lockerer Folge meine sieben Thesen zu Zukunft der Arbeit und zu New Work darstellen. Diese Thesen beschäftigen sich mit den Einflüssen und Folgen von New Work auf den Menschen, auf Organisationen und die Gesellschaft als Ganzes. Heute geht es um die These: New Work fördert eine sozial gerechte Gesellschaft sowie einen maßvollen Kapitalismus und befriedigt damit zwei zentrale postmoderne Bedürfnisse.

Es gibt viele Schattierungen von New Work, viele Instrumente, ja ganze Organisationssysteme (wie z. B. Holocracy), mit denen man New Work in Organisationen bringen kann. Es gibt agile Methoden, Tools für demokratische Entscheidungen oder Großgruppenmethoden für ein größeres Bewusstsein bzgl. Gesundheit, Well-Being oder Sinnfindung in Unternehmen. Sie alle wachsen jedoch auf dem gleichen Boden, auf dem Hintergrund dreier globaler Ziele, denen sich New Work seit seinen Anfangstagen verschrieben hat. New Work wollte und will von Beginn an dem Menschen eine berufliche Tätigkeit ermöglichen, die seinen Stärken und seinen Bedürfnissen entspricht, den Organisationen helfen, sich an die VUCA-Umwelt anzupassen und in der Gesellschaft auf einen maßvollen Kapitalismus hinarbeiten.

Im medialen Grundrauschen unserer Tage geht der dritte Punkt, die Veränderung der Gesellschaft, manchmal etwas unter. Dabei war dieser Punkt dem New Work – Begründer Bergmann sehr wichtig. Er setzte seine Philosophie explizit vom Gier-Kapitalismus unserer Tage, aber auch vom Kommunismus entschieden ab. Seine Lösung nannte er den „Dritten Weg": eine radikal neue Form von Kapitalismus, mit deutlich weniger Konsum, mit einer Wirtschaft des „minimalen Kaufens", einem ökologischen Imperativ und einer Reduzierung des Lohnarbeitssystems.

New Work unterstützt diesen Trend, nicht indem es allgemeingültige Lösungen vorlegt, sondern indem es die richtigen Fragen stellt. Darin ist es tatsächlich revolutionär. Fragen nach der „Gottgegebenheit" des Lohnarbeitssystems, nach der Sinnhaftigkeit des eigenen (beruflichen) Handelns und danach, wie Arbeit die menschliche Freiheit unterstützen kann, kann man im engen Korsett des traditionellen kapitalistischen Systems nur schwer stellen. Dadurch, dass wir uns als Menschen, als Organisationen und als Gesellschaft immer wieder diese und andere Fragen stellen, erzeugen wir ein neues Bewusstsein für die Probleme – und Lösungen (!) – um uns herum, in unserer Arbeits- und Lebenswelt. Der Dritte Weg, von dem Bergmann sprach, fängt also als erstes in unseren Köpfen an, nicht in unseren Organigrammen oder politischen Absichtserklärungen.

Wie fast kein anderes Land hat Deutschland die besten Voraussetzungen, ein New Work – Vorzeigeland zu werden. Wie das? Deutschland hatte bereits im späten 19. Jahrhundert mit Otto von Bismarck einen wichtigen Sozialreformer (auch wenn er politisch die Sozialdemokratie mit den Sozialistengesetzen auf Abstand hielt). Er setzte beispielsweise das Arbeitsalter von Kindern auf neun Jahre *herauf (!)*, führte ein staatliches Rentensystem ein und focht erfolgreich gegen den Widerstand der Kirchen für die Einführung der Zivilehe.

Nach den beiden Weltkriegen etablierte Deutschland erfolgreich eine „soziale Marktwirtschaft", ein ganz eigenes Verständnis von Markt, Kapital und Sozialverpflichtung, das bis heute tief in der deutschen Gesellschaft verwurzelt ist und sie einen „Raubtierkapitalismus" angelsächsischer Prägung ablehnen lässt. Man mag überdies von unseren bürokratischen Systemen halten, was man will, aber der gesellschaftliche Impuls zur Verteilung von Vermögen ging immer in Richtung Ausgleich, hin zur gesellschaftlichen Mitte. Ob das immer wirksam war oder gelang, darf man selbstverständlich in Frage stellen. Doch das Ziel einer sozial gerechten Gesellschaft ist in Deutschland seit den 60er Jahren des 20. Jahrhunderts *common sense.*

Weiterhin ist Deutschland ein Land, das in die Bildung seiner Bürger investieren *muss*. Aufgrund mangelnder Bodenschätze sind wir als Gesellschaft darauf angewiesen, nicht nur technologisch innovativ zu sein, sondern unsere Lern- und Arbeitswelt immer wieder zu überarbeiten und den neuen Gegebenheiten (VUCA!) anzupassen. Nur so trainieren wir die jeweils nächste Generation für die geistigen Herausforderungen, die vor uns liegen, für kreative Lösungen in Wirtschaft, Kultur und Politik. Dabei hilft uns, dass wir eine lange Tradition innovativer Denker haben: Leibniz, Humboldt, Kant, Schiller, Goethe, Bach – ich zähle hier bewusst auch die „schönen Künste" dazu -, die Liste ließe sich beliebig fortsetzen und würde den Rahmen dieses Artikels sprengen.

Oft wird darauf verwiesen, dass Europa satt sei, dass die Zukunft in Asien liege oder Südamerika oder – sehr langfristig gedacht – in Afrika. Dabei muss man nur die Perspektive wechseln, um die Zukunft für Europa zu erkennen. Europas Zukunft liegt nicht in der *quantitativen* Entwicklung von Arbeit. Das können andere besser (China! „Werkbank der Weltwirtschaft" etc.). Wir müssen den nächsten Schritt gehen und Arbeit *qualitativ* entwickeln und verbessern. Wir müssen uns ganz neuen Fragen stellen wie zum Beispiel bzgl. der Frage nach der Verteilung von Produktivitätserlösen (die künftig auch durch Roboter erzeugt werden). Das braucht eine Revolution des Denkens, einen *tipping point*, der die neue Arbeitswelt und New Work in den diskursiven Mainstream kickt.

Deutschland hat beste Chancen, diesen tipping point als erstes Land zu erreichen: mit der Sozialen Marktwirtschaft in seiner DNA, mit der langen Tradition der Sozialreformen, mit dem Zwang zu ständiger Innovation, mit der langen Reihe herausragender Denker und Problemlöser, mit seinem engagierten und innovativen Mittelstand. Packen wir den New Work – Impuls dazu, können wir wirklich etwas wuppen und Deutschland zu einem Land des echten maßvollen Kapitalismus machen. Die Zeit ist reif.

Miroslav Klose ist der New Worker der Woche

Nicht viele machen mit 38 Jahren ihr erstes Praktikum. Wenn so etwas vorkommt, wissen wir: Da probiert jemand etwas Neues – oder es gibt nun doch kein BaFög mehr. (Und jetzt keine Witze über Germanistik-Studenten, bitte.) Aber wenn jemand mit 38 Jahren seine erste Karriere beendet und bewusst mit einem Praktikum in einen neuen Bereich einsteigt, sage ich: Respekt. Das zeugt von Mut und gleichzeitigem gesundem Realismus – eine Mischung, die in Wirtschaft und Politik übrigens derzeit schmerzlich vermisst wird. Aber das ist ein anderes Thema.

Ich habe nie verstanden, warum Klose von Publikum und Presse manchmal so gebasht wurde. Der SPIEGEL bringt es meiner Meinung nach auf den Punkt: „Klose ist [..] ein Spieler des alten Schlages gewesen, es gibt keine Selfies von ihm, keine Emoji-Nachrichten im Internet, kein Bro-Gequatsche. Klose hat all die Jahre einfach nur seinen Job gemacht. Und das tat er meistens ausnehmend gut.“

Dieselbe Bodenhaftung und das Bewusstsein für die nötige Konsequenz (die sich auch in seinem sportlichen „Killerinstinkt“ auf dem Platz ausdrückte) haben ihm die jetzige Weiterentwicklung als „Trainerazubi“ ermöglicht. Erfolgreiche Neupositionierungen und Karrierewechsel macht man nämlich nicht, indem man alle beruflichen Brücken hinter sich einreißt, sondern indem man erst einmal die Brücke überquert. Ein Perspektivwechsel, eine gesunde Mischung aus Altem und Neuem. Klose sagt selbst, er wolle dem Platz treu bleiben (das „Alte“), aber eben als Trainer (das „Neue“, der Perspektivwechsel).

Manche könnten einwenden: Ja, der Klose mit seinem Geld. Der kann freilich dem Löw die Hand schütteln und sagen: Praktikum – kein Problem. Da drücken die verdienten Millionen als Spieler ja schon durch die Tür. Stimmt vielleicht. Aber wir müssen weiterfragen: Warum muss es den Durchschnittsmenschen so große finanzielle, zeitliche und organisatorische Schmerzen kosten, sich beruflich umzuorientieren? Und wollen wir das so weiter akzeptieren? Bei Klose passt alles zusammen: Erfahrung, Übersicht, eine kluge Zukunftswahl, das nötige Kleingeld und die Demut, nochmal von vorn zu beginnen.

Bis auf das Geld können wir die genannten Faktoren mitbringen. Aber niemand, schon gar nicht, wenn man eine Familie ernähren muss, kann es sich leisten, über einen längeren Zeitraum als Praktikant oder Azubi kein Geld zu verdienen. Und trotzdem fordert die Wirtschaft von uns „Flexibilität", ein „lebenslanges Lernen" und so weiter. Finanzieren sollen wir das bitteschön selbst. Und genau das können nur die allerwenigsten.

Bevor wir in eine Verteilungsdebatte abrutschen, sollten wir – auch im Sinne des New Work – andere Möglichkeiten ausschöpfen. Möglichkeiten, die auch für Normalverdiener einerseits und Unternehmen andererseits gangbar sind.

Da gäbe es zum Beispiel die Möglichkeit, auch Berufserfahrenen innerhalb eines Unternehmen bis zu drei Praktikumstage pro Jahr zu gewähren. An diesen Praktikumstagen könnte der New Worker in eine andere Abteilung wechseln, dort mitlaufen und das eine oder andere unter Anleitung erledigen. Nebenbei verbessert sich so auch das Verständnis und die Zusammenarbeit der Abteilungen untereinander. Wie finanziert man das? Entweder man sortiert diese Maßnahme im Weiterbildungsbudget ein oder verhandelt darüber qua individuellem Arbeitsvertrag.

Man könnte betriebliche Lernzeitkonten einführen (die Österreicher haben damit gute Erfahrungen gemacht). Auf diese „zahlt" jeder Mitarbeiter von Beginn seiner Tätigkeit Zeit ein, die er für Weiterbildung oder berufliche Experimente verwenden kann.

In der individuellen Karriereberatung in Unternehmen gibt es noch viel Luft nach oben. Der allgemeine Weiterbildungskatalog, bei dem man einfach etwas auswählt, weil sonst das Budget verfällt, ist ökonomisch und didaktisch Zeit- und Geldverschwendung. Personalentwickler sollten geschult werden, ein individuelles Karrieredesign zu entwerfen. Das erfordert allerdings die enge Zusammenarbeit mit der Führungskraft und Tagesaktualität bzgl. moderner Lernformen und diagnostischer Möglichkeiten.

Es wäre auch möglich, Unternehmensziele an die Weiterbildung zu koppeln. Dieses eher indirekte Instrument würde dafür sorgen, dass sich Führungskräfte mehr mit den Anforderungen der Positionen und den Fähigkeiten und Potenzialen von Mitarbeitern beschäftigen. Führungskräfte würden dann auch danach bezahlt, wie sinnvoll und vielfältig sie ihre Mitarbeiter weiterbilden.

Können Konzerne New Work?

Ich bin diese Woche gefragt worden, ob New Work etwas für Konzerne wäre, ob Konzerne und New Work überhaupt zusammenpassen. Behäbige Hierarchie und Matrix-Organisation auf der einen Seite, flüssige Strukturen und Selbstverantwortung auf der anderen. Finden hier zwei Welten zusammen?

Ich halte es tatsächlich für äußerst schwierig, New Work in Konzerne zu bringen – aber das hat gar nichts mit Strukturen oder Organisation zu tun. Sondern mit dem Verhältnis von Geld und Verantwortung. Vereinfacht gesagt: Je weniger die Leute, die das Geld haben und die Leute, die New Work vorantreiben wollen, identisch sind, desto geringer sind die Chancen, New Work im Unternehmen umzusetzen. Und in Konzernen sind die Geldgeber (Aktionäre, Fonds, einflussreiche Geldgeber) letztlich überhaupt nicht identisch mit den Managern, die die wichtigen Entscheidungen treffen. Manager verwalten somit das Geld anderer Leute – und nicht ihr eigenes. Schlimmer noch: Wenn sie das Unternehmen verlassen, erwartet sie nicht selten der Goldene Handschlag. Warum also die Dinge nicht lassen, wie sie sind? Warum Neues oder Unplanbares riskieren?

Im Mittelstand sieht es etwas anders aus. Hier sind die Eigentümerstrukturen einfacher. Oft hat eine Familie das Sagen oder es gibt einige wenige Gesellschafter, die stark darüber mitentscheiden, was im Unternehmen geschieht und wie man die vorhandenen Mittel einsetzt. Das vereinfacht die Dinge auch für New Work – positiv wie negativ. Sind die Eigentümer entschlossen, New Work zu versuchen, kann es ganz schnell und konsequent vorangehen. Sind sie dagegen, beißt man auf Granit. Doch so oder so treffen mittelständische Unternehmen tendenziell eine durchdachtere, realistischere Einschätzung ihrer New Work – Situation und der Chancen und Risiken, die sich daraus ergeben. Einfach, weil sie ihr eigenes Geld riskieren und nicht das gesichtsloser Aktionäre.

New Work in Konzernen erfordert das Wohlwollen und das Einverständnis der Geldgeber. Letztlich entscheidet nicht der Bereichsleiter über New Work, nicht einmal der CEO, sondern die wichtigen Aktionäre und kreditgebenden Banken. Diese muss man gewinnen, und das geht nicht innerhalb einer Firmenpräsentation oder eines Vortrags, sondern mit langem Atem und einer kommunikativen Strategie. New Worker sollten sich daher mit den medialen und persönlichen Influencern innerhalb der Aktionäre und Banken vernetzen und den New Work – Gedanken langfristig populär machen. Denn der Weg zum Hirn des Konzern-Managers geht über den Geldbeutel des Aktionärs.

Das Hirn (und Herz) des Managements kann New Work noch so positiv gegenüberstehen. Wenn die Geldgeber kein grünes Licht geben oder gar nichts von den Möglichkeiten von New Work wissen, bleiben sämtliche Anstrengungen, Konzerne von New Work zu überzeugen, unbelohnt.

New Work ist die erste humanzentrierte Arbeitsphilosophie

Teil zwei meiner Thesenreihe zu New Work. Vorsicht, es wird anspruchsvoll! Kein aktuelles Ereignis als Aufhänger, kein Aufreger der Woche, sondern einige Gedanken zum cultural fit von New Work und der modernen Arbeitswelt. Ich möchte meine These über New Work als humanzentrierte Arbeitsphilosophie erläutern:

These: New Work verbindet die moderne Arbeitswelt mit dem Wesen des Menschen und kann als erste humanzentrierte Arbeitsphilosophie überhaupt gelten.

Was heißt „humanzentrierte Arbeitsphilosophie"? Das Schlagwort bedeutet, die Arbeit um den Menschen herumzubauen und nicht den Menschen der Arbeit anzupassen. Das ist in der Tat ein Paradigmenwechsel. In einigen Teilbereichen wie der Software-Ergonomie oder dem Industriedesign will man schon seit geraumer Zeit Werkzeuge und Produkte buchstäblich „handhabbar" machen und das look & feel nach den Bedürfnissen menschlicher Wahrnehmung mit einer intuitiven Bedienbarkeit ausrichten.

New Work erweitert diesen Blickwinkel radikal. Nun geht es nicht mehr nur um ein Werkstück oder eine Software, sondern um den arbeitenden Menschen als Ganzes. Daher bedient sich New Work bei Konzepten aus Psychologie, Soziologie, Philosophie, Kunst und Ökonomie, um eine Arbeitswelt zu bauen, in der der Mensch nicht mehr als bloßer Produktionsfaktor um den Arbeitsprozess kreist, sondern die Arbeitsprozesse und -bedingungen um den ganzen Menschen. Gerade in der Arbeitspsychologie und -soziologie hat man hierfür das Konzept der Subjektivierung geprägt (siehe auch das Kapitel „Projekt Ich – Vom Arbeitszwang zur Selbstausbeutung" in meinem aktuellen Buch). Wie gelingt New Work der Paradigmenwechsel zu einer humanzentrierten Arbeitswelt?

1. New Work denkt eine Organisation vom Menschen her. Eine Organisation, zum Beispiel ein Unternehmen, dient einem be-

stimmten Zweck: der Herstellung von Schrauben etwa oder der Beratung von Verbrauchern. Bislang war der Zweck definiert, dann entstand die Organisation mit Prozessen, Anforderungen, Zielen etc. – und schließlich sucht man die Menschen, die in dieses Korsett passen. New Work dreht diesen Prozess teilweise um. Der Zweck (das Warum) ist als Erstes natürlich immer noch da. Doch das Wie der „Zweckerbringung", das Korsett aus Prozessen, Zielen etc. wird nun vom Wer bestimmt. Die Teilnehmer der Organisation bestimmen ganz oder teilweise die Bedingungen und Ergebnisse der Zusammenarbeit. Der Zweck der Organisation, das Ergebnis, wird hiervon natürlich entscheidend geprägt.

2. New Work bietet radikal neue und radikal andere Werkzeuge der Zusammenarbeit. Wenn wir davon ausgehen, dass der arbeitende Mensch in der Organisation auf Prozesse und Ergebnisse maßgeblich Einfluss nehmen soll, müssen wir ihm Werkzeuge an die Hand geben, die diesen Weg unterstützen. Unter den drei Schlagworten Digitalisierung, Demokratisierung, Dezentralisierung bieten New Work – Berater inzwischen ein Füllhorn an Methoden zu Führung, Entscheidungsfindung, Kreativität und Strategie von ganz klein bis ganz groß an. Dabei muss jede Organisation ihre eigene „New Work – Signatur", ihren eigenen organisatorischen Fingerabdruck finden. Genau wie es keine zwei gleichen Fingerabdrücke auf der Welt gibt, genauso wenig gibt es zwei identische Organisationen.

3. New Work reduziert die humanfeindlichen Aspekte des Kapitalismus. Der Kapitalismus wird auf lange Sicht die dominierende ökonomische Lebensform dieses Planeten bleiben. Doch man kann das kapitalistische Spiel auf verschiedene Arten spielen und nach unterschiedlichen Regeln. Zu den aktuellen Schlagworten in der Debatte um die Zukunft des Kapitalismus gehören das (bedingungslose) Grundeinkommen, die Verteilung der Produktivitätsgewinne im Zeitalter der Robotisierung, der Mindestlohn, eine nachhaltige Lebensführung und die globale Gerechtigkeit. Da New Work ursprünglich als ethisch-moralische Bewegung gestartet ist, hat sie

natürlicherweise eine starke Tendenz zur Humanisierung des Kapitalismus und zu einer neuen sozialen Gerechtigkeit.

4. New Work betrachtet Arbeit als integrierten Bestandteil des Menschseins. Obwohl wir alle längst erkannt haben, dass die klassische Work-Life-Balance ausgedient hat, versuchen wir, die Arbeit von unserer Freizeit zu trennen – zeitlich, räumlich, geistig, organisatorisch. Das sollten wir nicht tun – aber auf eine ganz andere Weise als die Feelgood-Gemeinde und die Anhänger eines emotionalen Kapitalismus das propagieren. Wir können den Menschen nicht in einen Arbeits- und einen Freizeitmenschen trennen. Wir leiden unter unserer „Business-Maske", Verstellung am Arbeitsplatz und verdeckten politischen Spielchen. Diese Verrenkungen können wir nur beenden, wenn wir mit unserem Menschsein auch am Arbeitsplatz nicht hinter dem Berg halten müssen, wenn wir die Business-Maske abziehen können. Diese Sehnsucht, diese Lust an Echtsein war und ist seit jeher ein wichtiger Pfeiler der New Work – Bewegung.

Ich persönlich hoffe, dass wir New Work irgendwann im Lehrplan einer Universität wiederfinden, vielleicht im Fach Arbeits- und Organisationspsychologie. Ich bin überzeugt davon, dass New Work in zehn, fünfzehn Jahren seinen festen Platz im Denken und Handeln von Organisationsteilnehmern hat: vom Top Management bis hinunter zum Hausmeister.

Grundeinkommen...und dann?

Man stelle sich vor: das Grundeinkommen ist da. Beispielsweise 950 EUR für jeden Bundesbürger ab 18 Jahre. Knapp ein Tausender auf die Kralle, vielleicht sogar „bedingungslos" (was auch immer sich dann dahinter verbergen mag). Was wird passieren? Werden Sie Ihren Job aufgeben? Nur noch betrunken mit dem Daiquiri-Schirmchen hinterm Ofen abhängen? Oder mehr Zeit mit der Familie verbringen? Oder, mal ganz spannend: Sie lassen alles, wie es ist?

In der Diskussion um das Grundeinkommen artikulieren sich drei Szenarien. Jedes Szenario hat ihre Vertreter und bietet unterschiedliche Projektionsflächen für Wünsche und Befürchtungen.

Szenario 1: Die Motivationsapokalypse. Vertreter dieses Szenarios werden nicht müde zu betonen, dass mit einem Grundeinkommen praktisch alles zusammenbricht. Der Faulpelz im Mensch, der glaubt, endlich sei das Schlaraffenland verwirklicht, bricht sich Bahn und verweigert kollektiv die Arbeit. Die Motivation zur Arbeit geht gegen Null und das Bruttosozialprodukt sinkt in kurzer Zeit von Zugspitzniveau in die Tiefe des Mariannen-Grabens.

Szenario 2: Alles halb so wild. Vertreter dieses Szenarios prognostizieren keinen nennenswerten Effekt auf die Arbeitswelt. Im schlimmsten Fall kommt es zu einem Nullsummenspiel: Es werden Arbeitsplätze getauscht und damit sogar ein besserer cultural fit zwischen Unternehmen und Mitarbeiter erzeugt. Das Motto lautet: Jeder Topf findet seinen Deckel.

Szenario 3: Die Heilserwartung. Vertreter dieses Szenarios erwarten eine fulminante Änderung der Arbeitswelt , einen *regime change*. Jeder Mensch bekommt die Chance, hochmotiviert die Arbeit zu tun, die seinen Stärken und Bedürfnissen entspricht. Er ist nicht mehr mit seinem Arbeitsplatz ökonomisch erpressbar und leistet einen Beitrag zu seiner persönlichen Entwicklung und zum sinnvollen Vorankommen der Gesellschaft.

Die eben genannten Szenarien hängen stark davon ab, welcher Lobbygruppe in der Arbeitswelt man angehört und welches Menschenbild man pflegt. Letztlich sind es Wunschprojektionen, die man diskutieren kann. Doch zunächst sollte man anerkennen, dass ein Grundeinkommen an die Gesellschaft und ihre unterschiedlichen Interessengruppen völlig neue Anforderungen stellt und – im Gegensatz zur herkömmlichen Vorstellung – auch für den „Beschenkten" hochanstrengend sein kann. Denn die Anpassungsprobleme liegen zwar auch, aber nicht nur auf Seiten der Wirtschaft.

Mit der fehlenden ökonomischen Erpressbarkeit fällt ein wichtiges Instrument der Mitarbeiter"bindung" weg. Ohne das Erpressungspotenzial des mächtigeren Arbeitgebers gegenüber dem schwächeren Arbeitnehmer würde manchen Firmen schlicht die Belegschaft wegbrechen. Deshalb verbirgt sich hinter den Unkenrufen der Motivationsapokalypse auch die klammheimliche Angst, dass der eigene Laden vor die Hunde geht. In Einzelfällen käme es tatsächlich zu enormen Verwerfungen und einem schmerzhaften Lernprozess innerhalb von Unternehmen. Diesen Schmerz will man sich ersparen und projiziert als Vermeidungsstrategie die eigene Angst auf die angeblich fehlende Motivation des Mitarbeiters.

Das deutsche Ausbildungssystem müsste mindestens ab dem ersten Schulabschluss komplett reformiert werden. Wir müssten bezüglich Studien- und Berufsabschlüssen neu über Zugangsvoraussetzungen und die Möglichkeiten zum Quereinstieg diskutieren. Ein Grundeinkommen, womöglich kombiniert mit einem Bildungsgeld, schüfe für nicht wenige Menschen die Möglichkeit einer Zweitausbildung. Das passte übrigens sehr gut zum prognostizierten Studentenmangel in einigen Regionen Deutschlands (über diesen berichtete beispielsweise die ZEIT). Doch wie wären die deutschen Hochschulen und Ausbildungsstätten didaktisch und logistisch auf einen Ansturm bereits berufstätiger Menschen vorbereitet? Was bedeutete dies für das Design der Ausbildungen und Qualifikationen?

Das Grundeinkommen allein wird den Sockel der Langzeitarbeitslosen nicht auflösen. Optimisten eines Grundeinkommens hoffen vielleicht, dass auch Langzeitarbeitslose von einem Grundeinkommen profitieren und eine Arbeit finden, die ihnen entspricht. Doch diese Hoffnung trügt. Wer über einen längeren Zeitraum, vielleicht über Jahre hinweg arbeitslos ist, kann seine Motivation und seinen Arbeitswillen nur schwer erhalten. Irgendwann gibt man einfach auf. Ohne individuelle psychologische Begleitung werden es Langzeitarbeitslose nicht schaffen, vom Grundeinkommen zu profitieren. Da braucht es neben der ökonomischen auch menschliche Starthilfe.

Die neue Freiheit könnte in einen kollektiven Rechtfertigungszwang kippen. Ein Grundeinkommen böte die Möglichkeit, sich beruflich neu zu entfalten. Doch was passiert, wenn das nicht klappt? Wenn man vielleicht dauerhaft keinen neuen Job findet? Der Aspekt der Freiheit und der persönlichen Entwicklung hat in der Diskussion um das Grundeinkommen einen hohen Stellenwert. Aber vielleicht muss man sich irgendwann dafür rechtfertigen, diese nicht zu nutzen: Wie, du hast noch nicht deinen Traumjob gefunden? Geht doch jetzt, mit Geld vom Staat und soviel Freiraum. Von der Diagnose zum Vorwurf ist es da nur ein kleiner Schritt – gerade in unserer leistungsbesessenen Arbeitsgesellschaft.

Fazit: Ein Grundeinkommen könnte der Gesellschaft tatsächlich einen innovativen Schub geben. Ich persönlich bin ein Vertreter der Theorie Y: Menschen sind grundsätzlich arbeitswillig und können sich auch selbst motivieren. Daher begrüße ich das Experiment des Grundeinkommens – so es denn jemals kommt. Aber genauso wichtig ist, dass wir uns über unsere Projektionen und Ängste bezüglich eines möglichen Grundeinkommens klarwerden und bereit sind, die Umwälzungen zu akzeptieren, die ein Grundeinkommen für die gesamte Gesellschaft bereithält.

Literatur

Markus Väth

Arbeit – die schönste Nebensache der Welt.
Wie New Work unsere Arbeitswelt revolutioniert

GABAL, 256 Seiten, 24,90 EUR

Arbeit 4.0, New Work, Zukunft der Arbeit – wie man es auch nennt: Unsere Arbeitswelt befindet sich derzeit in einem radikalen Umbruch. Markus Väth hat dazu ein provokantes Debattenbuch verfasst.

Der Verfechter einer neuen Arbeitskultur klärt auf, wie der Megatrend „New Work" unsere Arbeitsrealität revolutioniert, wie die „Spielregeln" dieser neuen Arbeitswelt aussehen und wie wir sie gemeinsam zu einer besseren machen können.

„Buchempfehlung des Jahres"

Handelsblatt

„Kluge Gedanken, wichtige Anregungen."

Frankfurter Allgemeine Zeitung

„Ein Grundlagenwerk. Wer die neue Arbeitswelt verstehen will, muss dieses Buch lesen!"

changeX

FSC
www.fsc.org
MIX
Papier aus ver-
antwortungsvollen
Quellen
Paper from
responsible sources
FSC® C105338